¡Adelante!

Método de español para estudiantes extranjeros de enseñanza secundaria

Gerardo Arrarte Carriquiry

EDITORIAL

Edi
numen

Agradecimientos:

Dedico este libro a la memoria de mi madre, Ema Ester Carriquiry, y de mi abuela, Ema Mujica. Ellas creyeron firmemente en la educación y en el conocimiento de otras lenguas y culturas como vías hacia el progreso y la amistad entre los pueblos y me animaron con su ejemplo a emprender el camino que me ha llevado a estas páginas. Lo dedico también a todos quienes se han visto alguna vez en la situación de comenzar una nueva vida en tierras lejanas.

Deseo expresar mi más sincero agradecimiento a los colegas, familiares y amigos que han hecho posible este trabajo y a todos aquellos de quienes he aprendido lo necesario para llevarlo a cabo. Un agradecimiento especial por su colaboración a los compañeros y alumnos del Instituto de Enseñanza Secundaria Domenico Scarlatti, de Aranjuez, a Alfredo López Sánchez-Lafuente por contribuir con sus ideas y respaldo moral y a Pablo Arcalá Tarzia por su apoyo logístico y por su cuidadosa revisión de los materiales.

G. A.

Editorial Edinumen agradece a todas las personas y entidades que han aportado alguno de los elementos gráficos que ilustran esta obra, con mención especial a la inclusión de la Fotografía de Dalda, cedida por la Casa de Su Majestad el Rey, y la colaboración de Manos Unidas.

Instituto Cervantes

Este método se ha realizado de acuerdo con el Plan Curricular del Instituto Cervantes, en virtud del Convenio suscrito el 3 de agosto de 2001

La marca del Instituto Cervantes y su logotipo son propiedad exclusiva del Instituto Cervantes

© Editorial Edinumen 2005
© Gerardo Arrarte

Editorial Edinumen
Piamonte, 7
28004 - Madrid
Tfs.: 91 319 85 37 - 91 308 51 42
Fax: 91 319 93 09
e-mail: edinumen@edinumen.es
www.edinumen.es

ISBN: 84-95986-55-8
Depósito Legal: M-17249-2005

Diseño de cubierta: Juanjo López y Carlos Casado
Diseño y maquetación: Susana Fernández y Carlos Casado
Ilustraciones: Miguel Alcón y Raúl de Frutos
Fotografía de cubierta: Gerardo Arrarte
Fotografías del interior: Javier Leal, archivo de Edinumen, bancos de imágenes de INGRAM, Photodisc, Pixtal y Author's image.
Referencias, ver pág. 151.
Imprime: Gráficas Glodami. Coslada (Madrid)

Índice de contenidos

Unidad 1

En esta unidad...

• Saludar y despedirse

> ¡Hola!
> Buenas tardes.
> ¿Cómo estás?

> Adiós.
> Hasta luego.

• Números cardinales de 0 a 100 y operaciones aritméticas

> $10 + 8 = 18$
> $5 \times 3 = 15$

> ¿Cómo te llamas?
> ¿De dónde eres?
> ¿Dónde vives?

> Me llamo...
> Soy de...
> Vivo en...

• Nombres de países

• Dar y pedir datos personales

Y al final de esta unidad...

Un mundo de todos: Países del mundo

Elige un continente o región. Averigua qué países lo forman y cómo se llaman en español. Dibuja un mapa con los nombres de los países, sus capitales, sus banderas. ¿En tu colegio o instituto hay alumnos de esos países? Conócelos: ¿cómo se llaman?, ¿de dónde son?, ¿qué idiomas hablan?

Antes de empezar

1. ¿Qué sabes decir?

2. Escucha y practica

1 2 3 4 5 6 7 8 9 10

1, 2, 3...

1,50 KG 2,00 KG 3,50 KG 3,00 KG

3. Cuenta con los dedos

1   2   3   4   5

4. Escucha y practica

0   1   2   3...   10   11   12   13   14   15   16   17   18   19   20
21   22   23...   30...   40...   50...   60...   70...   80...   90...   100

5. Opera

+	-	x	:
1 + 1 = ?	4 – 4 = ?	2 x 1 = ?	8 : 2 = ?
3 + 5 = ?	10 – 3 = ?	4 x 2 = ?	18 : 3 = ?
7 + 6 = ?	13 – 12 = ?	5 x 5 = ?	20 : 4 = ?
50 + 10 = ?	100 – 1 = ?	10 x 10 = ?	36 : 6 = ?

6. Juega

Vamos a jugar a la *Lotería de cartones*. Tu profesor te explicará cómo.

7. Dicta y escribe

Saca números al azar y díctaselos a tu compañero.

8. ¿Qué país es?

9. ¿De dónde es?

10. ¿De dónde es?

Ejemplo: *A – 4*

- 1. Hasta luego.
- 2. Adiós.
- 3. Buenas tardes.
- 4. Hola.
- 5. Buenas noches.
- 6. Hola. ¿Cómo estás?
- 7. Buenos días.
- 8. Hasta mañana.

12. **Habla**

Representa los diálogos de la actividad 11.

13. **Completa**

		Buenos...	H... ¿Q...?
		B...	
		...	
		A... H... ...	

14. **¿Qué dicen?**

15. Escucha [2]

► ¿Cómo te llamas?

▷ Carlos. Me llamo Carlos.

► Yo me llamo Silvia. ¿Eres español?

▷ No, soy portugués.

► Entonces, ¿hablas portugués?

▷ Sí, hablo portugués, español y un poco de inglés. ¿Y tú?

► Yo hablo español y un poco de inglés.

► Hola, María.

▷ Hola, Antonio. ¿Cómo estás?

► Bien. ¿Y tú?

▷ Muy bien, gracias. ¿De dónde eres?

► Soy italiano.

▷ ¡Ah! ¿Y hablas español?

► Sí, hablo italiano y un poco de español.

▷ ¿Dónde vives?

► Vivo en Roma. ¿Y tú?

▷ Yo, en Madrid.

► ¿Eres española?

▷ Sí, soy de Valencia.

Él se llama David y es francés. Vive en Sevilla. Habla francés y español.

Ella se llama Fátima y es de Marruecos. También vive en Sevilla. Habla árabe, francés y español.

16. Completa

			vive		vivo		eres		llamo		habla
es		hablas				se llama			llama		habla

Yo...	soy	hablo			me...
Tú...		*hablas*	vives		te llamas
Él...	es				se...
Ella...			vive		

17. Observa

► Hola. ¿Cómo te llamas?
▷ Yo me llamo Li. ¿Y tú?
► Pablo. ¿De dónde eres?
▷ Soy china, de Shanghai.
► ¿Y vives aquí?
▷ Sí, vivo aquí en España con mi familia.
► Hablas muy bien español.
▷ Gracias.

► Oye, ¿cómo te llamas?
▷ Me llamo Sonia. ¿Y tú?
► Nadia. ¿De dónde eres, Sonia?
▷ De Rumania.
► Yo soy de Marruecos.
▷ ¿Ah, sí? ¿Eres marroquí?
► Sí, de Tánger.
▷ ¿Y qué idiomas hablas?
► Árabe, francés y español.

18. Practica con un compañero

Prepara un diálogo con un compañero y represéntalo.

19. Lee

Abdel es marroquí y tiene diecisiete años. Vive en Andalucía con sus padres. Su madre se llama Laila y su padre se llama Mohamed. Abdel estudia bachillerato y habla cuatro idiomas. En el instituto habla español y en casa, árabe. Además, habla inglés y francés. El domingo va al cine con su amiga Pilar.

► Hola, Pilar.

▷ Hola, Abdel. ¿Vamos al cine?

► Bueno. Hay una película en francés.

▷ ¿En francés? ¿Tú hablas francés?

► Sí, hablo un poco.

▷ Abdel, ¿cuántos idiomas hablas?

► Cuatro: árabe, español, inglés y francés.

▷ ¡Cuatro idiomas! ¡Qué bien!

20. ¿Comprendes?

¿Comprendes estas palabras? Usa el diccionario.

- madre
- padre
- estudiar
- idioma
- instituto
- casa
- domingo
- cine
- amigo
- película

21. Completa las respuestas

1. ¿Cómo se llama el padre de Abdel?
Se llama _____.

2. ¿Y la madre?
La madre se llama _____.

3. ¿Dónde vive Abdel?
En _____.

4. ¿Cuántos idiomas habla?
_____.

5. ¿Qué idiomas habla?
Habla _____, _____, _____ y _____.

6. ¿Quién es Pilar?
Es una _____ de Abdel.

22. Lee

¡Hola! Me llamo Nicolae. Soy rumano, de Bucarest. Hablo rumano, español y un poco de francés. Vivo en España.

Mi hermana se llama Adriana. También es de Bucarest.

Mi amigo se llama Pedro. Es español. Vive en Salamanca.

Mi profesora se llama Teresa. Habla español y francés.

23. Ahora escribe tú

¡Hola! Me llamo...

24. Lee

Alejandro Amenábar es director de cine. Es chileno y español. Vive en Madrid. Habla español. También habla inglés.

Jorge Drexler es cantante. Es uruguayo. Vive en España. Habla español y también inglés.

Alaska es cantante. Es mexicana y española. Vive en Madrid. Habla español.

Glory Alozie es nigeriana y española. Es atleta. Vive en Valencia. Habla inglés y español.

25. Hacemos un álbum de fotos

Consigue fotos de personas conocidas y escribe un párrafo sobre cada una. Luego, expón las fotos y textos en el aula junto con los de tus compañeros.

Unidad 2

En esta unidad...

- Ubicar objetos

¿Donde está la papelera? ¿Qué hay debajo de la mesa?

Está a la izquierda de la puerta. Hay una mochila.

el libro, un amigo, el profesor

- El género del sustantivo

la mesa, una amiga, la profesora

- La clase

¿Cómo? Más despacio, por favor. ¿Qué significa? ¿Cómo se escribe?

- Pedir ayuda para la comunicación

- El abecedario

Y al final de esta unidad...

Un mundo de todos: Lenguas del mundo

Elige un país. ¿Qué idiomas se hablan en él? ¿Qué alfabeto se usa para escribir en esas lenguas? Consigue fragmentos de textos en esos idiomas. ¿Conoces a alguien que los hable? ¿Cómo se saluda en esos idiomas? ¿Cómo se dice "sí... no... por favor... gracias"?

русский язык

Deutsch

Français

English

中文

한국어

العربية

বাংলা ভাষা

日本語

Español

Português

Hausa

हिन्दी

Kiswahili

Antes de empezar

1. ¿Qué sabes decir?

2. Escucha y practica

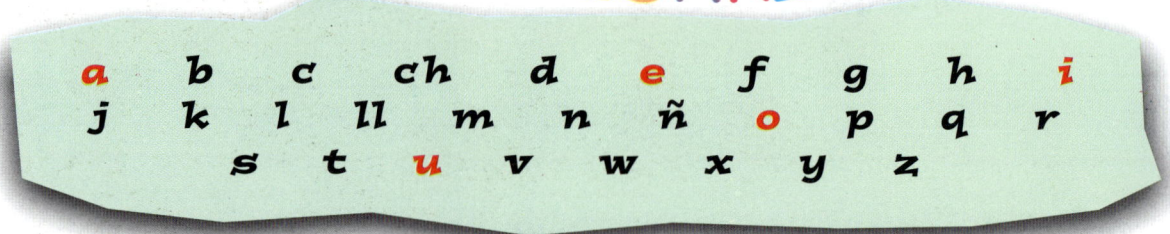

EL ABECEDARIO

a b c ch d e f g h i
j k l ll m n ñ o p q r
s t u v w x y z

3. Juega

Vamos a jugar a la rueda de letras. Formamos un círculo y cada compañero dice una letra del alfabeto o de las palabras que elijamos.

4. Observa

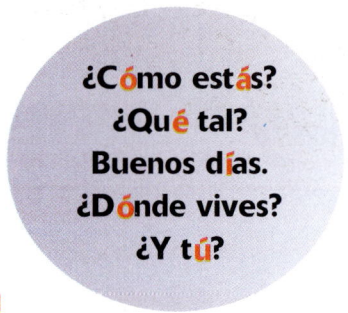

¿Cómo estás?
¿Qué tal?
Buenos días.
¿Dónde vives?
¿Y tú?

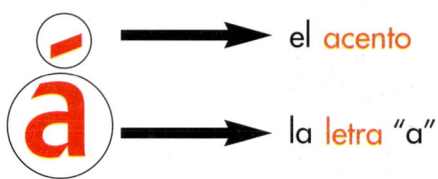

á → el acento

á → la letra "a"

5. Deletrea

► ¿Cómo te llamas?
▷ María.
► ¿Cómo se escribe?
▷ M-a-r-i-a. Con acento en la i.

6. Dicta y escribe

Deletrea una palabra para que tu compañero la escriba. Luego escribe la palabra que te dicte tu compañero.

7. Observa

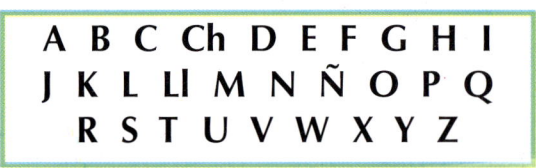

A B C Ch D E F G H I
J K L Ll M N Ñ O P Q
R S T U V W X Y Z

Letras MAYÚSCULAS

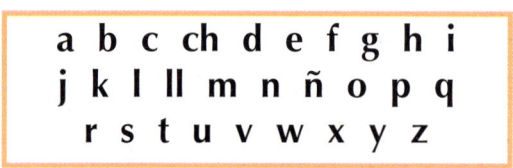

a b c ch d e f g h i
j k l ll m n ñ o p q
r s t u v w x y z

Letras MINÚSCULAS

a e
i o u

VOCALES

b c ch d f g h j k
l ll m n ñ p q r s
t v w x y z

CONSONANTES

8. ¿Qué letra es esta?

9. ¿Cómo se llama?

La clase

- la puerta
- la ventana
- la pared
- la mesa
- la silla
- el armario
- el tablón
- la papelera
- la pizarra
- el libro
- la mochila

¿CÓMO SE LLAMA ESO?

¿ESTO CÓMO SE LLAMA?

ESTO ES LA PIZARRA.

ESO ES UN LIBRO.

10. Observa

ESTO

ESO

11. ¿Qué hay?

¿Qué hay dentro de la mochila?

Hay un libro,
una carpeta,
un mapa,
un estuche,
un lápiz,
un bolígrafo,
una goma,
una regla,
una calculadora,
un diccionario,
un bocadillo,
una moneda y
una foto de una
moto.

12. Juega

Juega al juego del veo-veo.

► Veo, veo...
▷ ¿Qué ves?
► Una cosita que empieza por "L".
▷ ¿Por "L"...? ¡Un libro!
► No, no...
▷ ¿Un lápiz?
► ¡Sí, es un lápiz!

13. Juega

Juega a la caja de las sorpresas. Un compañero guarda objetos en una caja. Adivina qué hay en la caja.

14. Observa

Estas palabras se llaman **artículos**. "El" es un artículo masculino. "La" es un artículo femenino.

➡ **el** libro

"Libro" y "mesa" son **sustantivos**. "Libro" es un sustantivo masculino y "mesa" es un sustantivo femenino.

➡ **la** mesa

15. Clasifica

Observa estas palabras. ¿Son masculinas o femeninas?

- el bolígrafo
- la goma
- el lápiz
- el profesor, la profesora
- la regla
- la ventana
- la calculadora
- el bocadillo
- la clase
- la pared
- el diccionario
- la silla
- el instituto
- la amiga, el amigo
- la carpeta
- el tablón
- la mochila
- el estuche
- el libro

Masculino	Femenino
el instituto	la calculadora
...	...

16. Clasifica

Completa el esquema con las palabras del ejercicio anterior.

-o	-a	-e	-[consonante]
el bolígraf**o**	la carpet**a**	la clas**e**	el lápi**z**
...	---	...	...

- Los sustantivos terminados en –o son m...........................
- Los sustantivos terminados en –a son f...........................
- Los sustantivos terminados en –e son .... o ....
- Los sustantivos terminados en consonante son .... o ....

17. Observa

Algunas excepciones

el map**a**   la man**o**
el idiom**a**   la fot**o**
             la mot**o**

18. ¿Qué hay? ¿Dónde está?

Esta es la clase de Cristina y Luis. Hay una puerta y una ventana. La puerta está a la izquierda y la ventana a la derecha. Hay una papelera debajo de la pizarra y un mapa de España en la pared, al lado de la ventana. Junto a la puerta hay un armario. Dentro del armario hay una mochila. Y junto al armario hay un perchero. Hay una foto de Granada a la izquierda de la pizarra. A la derecha de la pizarra hay un cartel de Asturias. Sobre la mesa del profesor hay un libro.

19. Observa y completa

¿Qué hay en la pared?
Hay un mapa de España. / En la pared hay un mapa de España.

¿Qué hay dentro del armario?
Hay una mochila. / Dentro del armario hay una mochila.

Hay + un mapa / una mochila

¿Dónde está el mapa de España?
Está en la pared. / El mapa de España está en la pared.

¿Dónde está la mochila?
Está dentro del armario. / La mochila está dentro del armario.

El mapa / La mochila + está

- Con "hay" usamos los artículos _____ y _____. Estos artículos se llaman artículos indeterminados.
- Con "está" usamos los artículos _____ y _____. Estos artículos se llaman artículos determinados.

20. Relaciona

¿Dónde está el diccionario del profesor? •
¿Y el libro de matemáticas? ¿Dónde está? •
¿Dónde está la mochila de Cristina? •
¿Dónde está el estuche de Luis? •
¿Dónde está la calculadora? •
¿De quién es el diccionario? •
¿De quién es la mochila? •

• La mochila es de Cristina.
• Debajo de la mesa del profesor.
• Junto al diccionario.
• Está sobre la mesa de Luis.
• Está en el armario, dentro del cajón.
• Es del profesor.
• En la mesa del profesor.

21. ¿De quién es?

- ¿De quién es la mochila? La mochila es de Cristina.
- ¿De quién es la moto? Es de mi hermano.
- ¿De quién es el diccionario? Es del profesor. Es de la profesora.

a + el = al	junto al mapa
a + la = a la	junto a la ventana
de + el = del	debajo del mapa
de + la = de la	debajo de la ventana

Las palabras "al" y "del" se llaman contracciones.

22. Pregunta, relaciona y dibuja

Vamos a jugar a *La biblioteca fantasma*. Tu profesor te dará una hoja con un dibujo de una biblioteca. La hoja de tu compañero tiene un dibujo parecido, pero en las dos faltan objetos. Pregunta a tu compañero y contesta a sus preguntas hasta saber qué objetos faltan y dónde están. Relaciona el inicio y el final de las frases que hay en tu hoja y luego completa el dibujo.

23. Juega

Vamos a jugar a la caza del tesoro. Tu profesor te explicará cómo.

24. Observa y practica [3]

► Perdón... ¿qué significa "canadiense"?
▷ De Canadá.
► ¡Ah, claro!

► ¿Qué quiere decir esto?
▷ "Junto a" significa "al lado de".
► ¿Cómo? No entiendo.
▷ Sí... Por ejemplo: "junto a la mesa" quiere decir "al lado de la mesa".
► ¡Ah! Muchas gracias.
▷ De nada.

¿CÓMO? · NO ENTIENDO · ¡CLARO! · ¿QUÉ SIGNIFICA ESTO? · ¿QUÉ QUIERE DECIR? · POR FAVOR · POR EJEMPLO · MUCHAS GRACIAS

¿Cómo se escribe? · ¿Puedes deletrearlo? · BIENVENIDOS

Más despacio, por favor. · Perdón. · Lo siento. · 20

¿Puedes repetir, por favor? · REW · PLAY · Sí, claro.

► ¿Cómo te llamas?
▷ Álvaro.
► ¿Cómo se escribe?
▷ Con acento y con uve.
► ¿Puedes deletrearlo, por favor?
▷ Sí, claro. A-l-v-a-r-o.
► Más despacio, por favor.
▷ Perdón, lo siento. A... l... v... a... r... o.
► Gracias.

25. Lee

Omar vive en Alicante. Es senegalés, de Dakar. Está en 4º de la ESO. Estudia español. Su profesora de español se llama María José. Omar está en clase. Sobre su mesa hay un libro abierto. Omar lee el libro. La profesora pregunta:

► ¿Entiendes, Omar?
▷ No, no entiendo esto. ¿Qué significa "idioma"?
► Un idioma es una lengua. Por ejemplo, el español... o el francés... o el inglés. ¿Entiendes?
▷ Sí, sí.
► ¿Tú qué idiomas hablas?
▷ ¿Cómo? ¿Puede repetir, por favor?
► Sí, claro. ¿Qué idiomas hablas tú? ¿Hablas francés?

▷ Sí.
► ¿Y qué más?
▷ Hablo francés y wolof...
► ¿Wolof?
▷ Sí, es una lengua de Senegal.
► ¿Cómo se escribe?
▷ W-o-l-o-f.
► ¿Es difícil el wolof?
▷ No, no. Para mí es fácil. ¡Es más difícil el español...!

26. ¿Comprendes?

abierto   cerrado

$2 + 2 =$ $\sqrt[3]{-\dfrac{b}{2} + \sqrt{\dfrac{b^2}{4} + \dfrac{a^3}{27}}}$

fácil   difícil

27. ¿Verdadero o falso?

Ejemplo: Omar vive en Madrid. *Falso*
           Omar es de Senegal. *Verdadero*

1. Omar está en su casa.
2. El libro de Omar está cerrado.
3. Omar habla francés y wolof.
4. El wolof es un idioma.
5. Para Omar, el español es fácil.

$2 + 2 = 4$
verdadero

$2 + 2 = 5$
falso

28. Contesta

1. ¿De dónde es Omar?
2. ¿Dónde vive?
3. ¿Cómo se llama su profesora?
4. ¿Dónde está Omar?
5. ¿Qué hay sobre la mesa de Omar?
6. ¿Qué quiere decir "senegalés"?
7. ¿Qué idiomas habla Omar?
8. ¿Qué idiomas hablas tú?

MI CLASE

29. Lee

Lee la redacción de Cecilia.

Estudio 1º de la E.S.O. En mi clase hay quince alumnos: nueve chicos y seis chicas. Somos pocos; es un grupo pequeño. Hay un chico portugués, un chico chino, una chica argentina y doce españoles.

El aula es grande. Hay una puerta y dos ventanas, una mesa grande para el profesor y quince mesas más pequeñas para los alumnos. En la pared hay una pizarra, un tablón, dos mapas y muchos dibujos. Junto a la puerta hay una papelera. A la derecha de la puerta hay un armario con libros. ¡Ah... y en las ventanas hay plantas con flores!

30. Observa

pequeño	grande	pocos	muchos

la clase, el grupo	la clase, el aula	la planta	la flor

31. Ahora escribe tú

Escribe una redacción de 80 a 100 palabras. Describe tu clase: el grupo y el aula.

Aquí y allá...

32. Observa

José Luis Sánchez Rodríguez

España DNI
NOMBRE **JOSÉ LUIS**
PRIMER APELLIDO **SÁNCHEZ**
SEGUNDO APELLIDO **GARCÍA**
23409873-D

España DNI
NOMBRE **SUSANA**
PRIMER APELLIDO **RODRÍGUEZ**
SEGUNDO APELLIDO **LÓPEZ**
23516473-A

España DNI
NOMBRE **JOSÉ LUIS**
PRIMER APELLIDO **SÁNCHEZ**
SEGUNDO APELLIDO **RODRÍGUEZ**
42221041-J

la Sra. Rodríguez   el Sr. Sánchez

¿Y en tu país? ¿Se usa el apellido del padre? ¿Y el de la madre?

Unidad 3

- **Describir a personas (físico)**

  Es alto, tiene el pelo moreno y lleva gafas.

  Ella va a 4° de E.S.O. y yo voy a 3°.

- **Pronombres personales**

- **La familia**

- **Números cardinales de 101 a 1000**

  101, 540, 734

  $5^2, 3^3, \sqrt{36}$

  estos lápices, esa carpeta

  mi hermano, tus amigos, nuestras primas, vuestros padres

- **Posesivos y demostrativos**

Y al final de esta unidad...

Un mundo de todos: Gente del mundo

Busca fotografías de personas de distintos lugares del mundo y organiza con tus compañeros una exposición fotográfica. Describe a esas personas. ¿Cómo son físicamente? ¿Son altos, bajos, gordos, delgados...? ¿De qué color son su piel, su pelo, sus ojos?

Antes de empezar

1. ¿Qué sabes decir?

Alfonso   Carmen

Juan   Concha   Marisa   Fernando   Miguel Ángel   Marta

María   Carlos   José   Mª Jesús   Berta

La familia de Chus

Hola, me llamo María Jesús, pero mi familia y mis amigos me llaman Chus. Esta es mi familia.

Mi **madre** *se llama María Luisa, pero todos la llaman Marisa. Es muy guapa. Tiene el pelo castaño y ojos verdes. Mi* **padre** *se llama Fernando. Lleva barba y tiene el pelo gris.*

Este es mi **hermano** *mayor, José. Tiene diecisiete años y es muy inteligente. Estudia 1º de Bachillerato. Y esta es mi* **hermana** *pequeña, Berta. Tiene cuatro años.*

Este es mi **abuelo** *Alfonso, el padre de mi madre. Es calvo. ¡Y muy simpático! Su* **esposa**, *mi* **abuela** *Carmen, también es simpática y muy buena. Tiene el pelo blanco y los ojos verdes como mi madre.*

Mi madre tiene dos hermanos: Concha y Miguel Ángel. Mi tío Miguel Ángel tiene una **novia** *que se llama Marta. Es rubia y tiene los ojos azules.*

Mi **tía** *Concha vive en Tarragona. Su* **marido** *se llama Juan. Mi* **tío** *Juan tiene la piel morena. Lleva bigote y gafas.*

Mis tíos Juan y Concha tienen un **hijo** *y una* **hija**: *mis primos María y Carlos. Mi* **prima** *María es muy guapa. Tiene el pelo moreno y los ojos negros. Mi* **primo** *Carlos tiene el pelo rizado y lleva gafas.*

3. **¿Quién es?**

Observa los sustantivos coloreados del texto. Pregunta y responde como en los ejemplos.

▶ ¿Quién es Marisa?   ▶ ¿Quién es Carmen?   ▶ ¿Quién es José?
▷ Es la hija de Carmen.   ▷ Es la abuela de José.   ▷ Es el hijo de Fernando.

4. Lee y relaciona

- Carmen es baja, tiene el pelo blanco y la piel clara. Tiene los ojos verdes.
- Fernando es gordo. Tiene el pelo gris y los ojos castaños. Lleva barba.
- Juan tiene la piel morena y el pelo rizado. Lleva bigote y gafas.
- María es alta y delgada. Es morena y tiene los ojos negros.
- Miguel Ángel es alto y tiene el pelo castaño y liso. Lleva el pelo largo.
- Marta no es muy alta. Es rubia y tiene los ojos azules. Lleva el pelo corto.

Carmen   Fernando   Juan   María   Miguel Ángel   Marta

■ delgado

■ bajo

■ gordo

■ alto

■ piel morena

■ piel clara

....   *delgado*   ....

■ moreno

■ rubio

■ castaño

■ gris

■ blanco

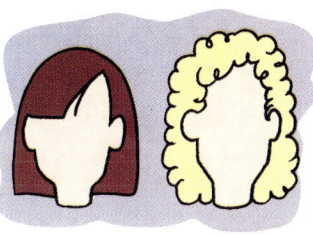

■ liso

■ rizado

....

■ pelo corto

■ pelo largo

■ calvo

■ gafas

■ bigote

■ barba

....

■ ojos negros   ■ ojos castaños   ■ ojos verdes   ■ ojos azules

5. Observa

María es morena. **=** María tiene el pelo moreno.
Javier es rubio. **=** Javier tiene el pelo rubio.

6. Adivina

Elige una persona: un compañero, un personaje de televisión, etc. Tus compañeros hacen preguntas para adivinar quién es.

7. Inventa

Crea una familia imaginaria con tus compañeros. Dibuja el árbol de familia y describe a cada persona.

8. Escucha y practica

100	122	200	300	291
101	136	201	400	327
102	149	202	500	445
103	150	...	600	584
...	165	...	700	666
	173	210	800	798
120	187	...	900	879
...	194	...	1000	930

9. Escucha y practica

$2^2 = ?$ $2^3 = ?$ $\sqrt{4} = ?$

$3^2 = ?$ $3^3 = ?$ $\sqrt{9} = ?$

$4^2 = ?$ $10^3 = ?$ $\sqrt{25} = ?$

$9^2 = ?$ $\sqrt{100} = ?$

$10^2 = ?$

10. Escucha, observa y completa [4]

Primero escucha el diálogo y contesta a las preguntas de tu profesor.
Luego lee el diálogo y completa el esquema.

Javier: Perdona... ¿Vosotros sois españoles?
Yamila: No, somos marroquíes. ¿Y vosotros?, ¿de dónde sois?
Javier: ¿Nosotros? Españoles. ¿Cómo os llamáis?
Yamila: Nos llamamos Yamila y Yassin.
Javier: Nosotros somos Rosa y Javier. ¿Vivís en España?
Yassin: Sí, vivimos en esta calle. ¿Y vosotros?
Rosa: Nosotros también. Esa es nuestra casa. ¿Habláis árabe?
Yamila: Sí, hablamos árabe y castellano.
Rosa: ¿Vais al colegio?
Yassin: Sí, vamos al instituto. Ella va a 4º de E.S.O. y yo voy a 3º.
Javier: ¿Y tenéis amigos españoles?
Yassin: Sí, tenemos amigos españoles y marroquíes.
Javier: Ah... aquí está José. Hola, José. ¿Qué tal?
José: Hola.
Javier: Mira, José... Ellos son unos chicos marroquíes que viven en esta calle. Se llaman Yamila y Yassin y van y 4º de E.S.O. Tienen amigos marroquíes y españoles y hablan muy bien español.
José: ¿Qué tal, Yamila? Hola, Yassin.
Yamila: Hola, José.
Yassin: Hola.

· van · tiene · me llamo · hablan · se llama · se llaman · hablas · somos · son · vais · vas · nos llamamos · os llamáis · va · tienen · vive · sois · hablo · vivís · eres · vivimos · vivo · voy · tenéis · hablamos · tenemos · viven · soy · habláis · (tienes)

	HABLAR	VIVIR	LLAMARSE	SER	TENER	IR
yo					tengo	
tú		vives	te llamas		tienes	
él, ella	habla			es		
nosotros, nosotras						vamos
vosotros vosotras						
ellos, ellas						

11. Lee

► Oye, Leila... ¿Quieres ver mis fotos?

▷ Sí, claro. ¿Son de tu familia?

► Sí, son de mi familia. Mira, esta soy yo. Este es mi hermano José Luis.

▷ Es muy guapo. ¿Cuántos años tiene?

► Dieciocho.

▷ ¿Y tú, Tania, cuántos años tienes?

► Yo, dieciséis. Estos son nuestros padres. Esta es nuestra abuela... y esta es su casa.

► ¡Qué bonita! ¿Y este es vuestro perro?

▷ Sí. Se llama Reno.

► ¿Quiénes son estas chicas?

▷ Esas son nuestras primas Pepa y María. Y estos son sus novios, Vicente y Miguel.

► ¿Cuántos primos tienes?

▷ Tengo siete: cinco primas y dos primos.

12. Observa

yo	**mi** padre, **mi** madre	**mis** hermanos, **mis** hermanas
tú	**tu** padre, **tu** madre	**tus** hermanos, **tus** hermanas
él, ella	**su** padre, **su** madre	**sus** hermanos, **sus** hermanas
nosotros, nosotras	**nuestro** padre, **nuestra** madre	**nuestros** hermanos, **nuestras** hermanas
vosotros vosotras	**vuestro** padre, **vuestra** madre	**vuestros** hermanos, **vuestras** hermanas
ellos, ellas	**su** padre, **su** madre	**sus** hermanos, **sus** hermanas

13. Observa y practica

ESTO

ESO

¿Qué es esto?
¿De quién es este libro?
¿De quién son estos libros?
¿Cuántos chicos hay en esta clase?
¿Cuántos chicos hay en estas clases?

¿Qué es eso?
¿De quién es ese lápiz?
¿De quién son esos lápices?
¿Cuántos cuadernos hay en esa mochila?
¿Cuántos cuadernos hay en esas mochilas?

14. **Observa y practica**

▶ ¿Quién soy?
▷ ¿Eres rubia?
▶ No, no soy rubia. Soy morena.
▷ ¿Tienes el pelo liso?
▶ No, no tengo el pelo liso. Tengo el pelo rizado.
▷ ¿Tus ojos son castaños?
▶ No, mis ojos no son castaños. Son negros.
▷ ¿Tienes la piel morena?
▶ Sí, tengo la piel morena.
▷ ¿Eres Marta?
▶ Sí, soy yo.

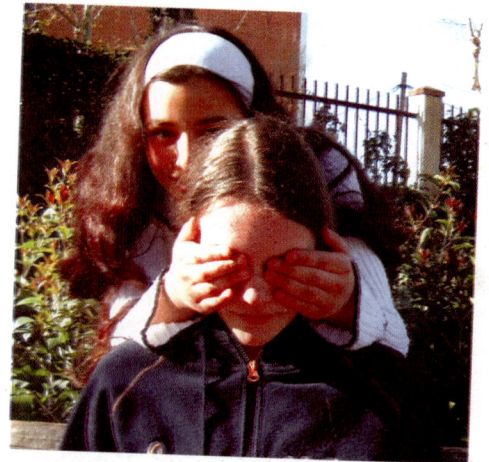

15. **Lee, completa y observa**

En mi clase hay un armario grande y un armario pequeño. También hay una mesa grande para la profesora y una mesa pequeña para el ordenador.

Miguel Ángel es alto. Su novia Marta no es muy alta. Él es español; ella también es española. Su amigo Paul es francés. La hermana de Paul se llama Nadine y también es francesa.

Tengo un estuche negro y una mochila azul. En cambio, tu estuche es azul y tu mochila, negra. Este libro es verde. La mesa también es verde.

Las palabras coloreadas del texto se llaman adjetivos. Los sustantivos masculinos van con adjetivos masculinos (el armario pequeño) y los sustantivos femeninos, con adjetivos femeninos (la mesa pequeña).

• Completa los esquemas:

• verde   • francesa   • grande   • alto   • española
• francés   • negro   • azul   • pequeña   • azul   • verde
• negra   • alta   • pequeño   • español   • grande

Masculino	Femenino
verde	verde
...	...

• Observa:

el armario **pequeño**, el chico **alto** ◄——— -O   -A ———► la mesa **pequeña**, la chica **alta**

el armario **grande**, el estuche **azul** { -E   -E / [consonante] [consonante] } la mesa **grande**, la mochila **azul**

el chico **español**, el libro **francés**   [consonante] [consonante]+A   la chica **española**, la película **francesa**

16. Observa y practica

• Lee este diálogo. Luego, prepara preguntas y entrevista a chicos de tu centro.

▶ Hola, perdona... Es una encuesta para la clase de español. ¿Puedes contestar unas preguntas?

▷ Bueno.

▶ ¿Cómo te llamas?

▷ Marta. Marta Soler.

▶ ¿Cómo?

▷ Soler. Se escribe S-o-l-e-r.

▶ Gracias. ¿Cuántos años tienes?

▷ Doce.

▶ ¿Eres española?

▷ Sí.

▶ ¿De dónde?

▷ De Barcelona.

▶ ¿Qué idiomas hablas?

▷ Catalán, castellano y un poco de inglés.

▶ ¿Cuántos hermanos tienes?

▷ Dos: un hermano y una hermana.

▶ ¿Tienes amigos extranjeros?

▷ Sí, claro.

▶ ¿De dónde son?

▷ Tengo amigos de Ecuador, de Ucrania, de Marruecos, de Holanda, de China... de muchos países.

▶ ¿Puedes repetir más despacio, por favor?

▷ Sí, perdona...

• Recuerda estas expresiones:

Para empezar...	Para pedir ayuda...	Para terminar...
Hola.	¿Cómo?	Gracias.
Perdona...	Perdona, no entiendo.	Muchas gracias.
Oye, perdona...	¿Puedes repetir, por favor?	Adiós.
	¿Puedes hablar más despacio, por favor?	Hasta luego.

17. Recorta, colorea y juega

Tu profesor te dará material para jugar al *Juego del retrato robot*. Inventa un personaje. Tu compañero debe adivinar cómo es.

18. Lee

Los Fernández Toledo

La familia Fernández Toledo vive en Burgos. Laura Toledo, la madre, tiene 41 años; su marido, Pedro Fernández, también. Laura es alta, un poco gruesa. Es rubia y tiene los ojos azules. Lleva gafas. Pedro es delgado y tiene el pelo castaño.

Laura y Pedro tienen tres hijos: Sergio, Elena y Daniel. Sergio, el mayor, tiene 16 años y estudia 1° de Bachillerato. Tiene el pelo castaño y rizado, un poco largo. Es alto y fuerte.

Elena tiene 13 años y estudia 2° de la E.S.O. Es alta y delgada, tiene el pelo más bien corto, ojos castaños y lleva gafas. Daniel, el pequeño, tiene 10 años. Es más bien gordo, tiene el pelo castaño y rizado y los ojos también castaños. Lleva gafas.

Los padres de Laura también viven en Burgos. Se llaman Laura Díez y Julio Toledo. Ella tiene 70 años y él tiene 73. Ella es gruesa, tiene el pelo blanco y los ojos azules. Él es delgado y tiene el pelo gris. Lleva bigote.

Laura Toledo tiene una hermana. Se llama Juana y vive en La Coruña con su marido José Jiménez y sus hijos. Juana tiene 45 años y José tiene 43. Juana tiene el pelo rubio y liso y ojos castaños. José es alto y moreno. Tiene ojos negros y lleva barba.

José y Juana tienen dos hijos: Andrés, de 15 años, y Teresa, de 13. Andrés es bajito y delgado, tiene el pelo castaño y corto y ojos azules. Teresa es morena y tiene los ojos negros.

19. Completa

Nombre	Elena							
1.er apellido	Fernández				Fernández			
2.º apellido	Toledo		—					
Edad	13			16				
Ciudad	Burgos	La Coruña						
Físico	alta, delgada	—				—	bajo, delgado	
Pelo	corto		moreno					
Ojos	castaños			—	—			
Otros detalles	gafas	—		—	—	—	—	gafas

20. Dibuja

Dibuja el árbol de familia de los Fernández Toledo. Usa como ejemplo el árbol de la familia de Chus (ejercicio 2 de esta unidad).

21. Actúa

Representa el papel de un personaje conocido. Habla de ti y de tu familia.

Ejemplo: *Me llamo Bart Simpson y vivo en Springfield. Mi padre se llama Homer. Es calvo y un poco gordo. Tengo dos hermanas. Se llaman Lisa y Maggie. Lisa es muy inteligente. Maggie es pequeña. Mi madre tiene el pelo azul. Mi madre tiene dos hermanas...*

22. **Observa**

Vivimos en esta calle. Nosotros también. (Nosotros también vivimos en esta calle).

Paul es francés. Su hermana se llama Nadine y también es francesa.

Laura Toledo, la madre, tiene 41 años. Su marido también. (Su marido también tiene 41 años).

Me llamo María Jesús, pero mi familia y mis amigos me llaman Chus.

Los libros son de la biblioteca, pero este diccionario es mío.

Este estuche es negro. En cambio, el mío es azul. (El mío, en cambio, es azul).

Tania tiene el pelo rizado, pero Sara tiene el pelo liso.
Tania tiene el pelo rizado. Sara, en cambio, tiene el pelo liso. (En cambio Sara tiene el pelo liso).

> = también
> ≠ pero
> en cambio

23. **Ahora escribe tú**

Describe a una familia conocida. Puede ser una familia de la vida real o de alguna película o serie de televisión. Escribe de 60 a 80 palabras. Usa las expresiones *también, pero* y *en cambio*.

Aquí y allá...

24. **Observa**

¿Quiénes viven en estas casas?

En España, ¿cuántas personas viven normalmente en una casa?

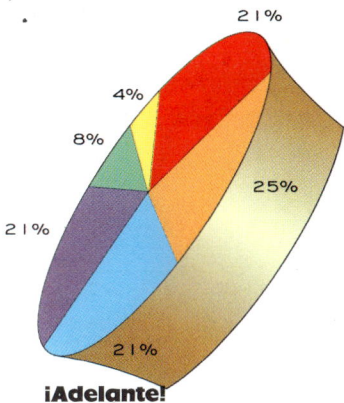

21%
4%
8%
25%
21%
21%

1
2
3
4
5
6 o más

- En muchas casas viven 1, 2, 3 ó 4 personas.
- Hay pocas familias de más de 5 personas.

- ¿Y en tu país?
  ¿Las familias son grandes o pequeñas?
  ¿Cuántas personas viven normalmente en una casa?
  ¿Muchas personas viven solas?

Fuente: *Censo de Población* 2001, Instituto Nacional de Estadística.

¡Adelante!

Unidad 4

En esta unidad...

• La hora y las partes del día

Son las doce menos diez.

¿Puedo usar tu goma? ¿Puedes ayudarme, por favor?

• Pedir permiso y pedir ayuda

Bueno.

Ahora no puedo.

el libro, los libros la flor, las flores

• El artículo determinado y el plural de los sustantivos

No me gustan nada los pimientos.

• Expresar gustos y mostrar acuerdo o desacuerdo

• El presente de indicativo (verbos regulares)

A mí tampoco.

• Los alimentos y las comidas

Y al final de esta unidad...

Un mundo de todos: Comidas del mundo

Elige un país. Busca información sobre uno de sus platos tradicionales: cómo se llama, con qué se hace, qué tiene de especial... Busca una fotografía de ese plato y úsala en una exposición realizada conjuntamente con el resto de tus compañeros.

1. ¿Qué sabes decir?

2. Escucha y contesta [5]

Escucha esta encuesta sobre el desayuno de los españoles. Indica qué toma cada persona a primera hora y a media mañana.

unas chucherías	mantequilla	un café con leche	un refresco	una tostada	un vaso de leche con cacao	un cruasán	un chocolate con churros

un vaso de leche	una magdalena	un bocadillo	unas galletas	un sándwich	mermelada	un yogur	un zumo de naranja

Ejemplo:

A primera hora   A media mañana

Diálogo 1: | *Un vaso de leche o un yogur.* | *Un sándwich y un refresco.* |

¿Y tú? ¿Qué desayunas?

3. Escucha y relaciona [6]

Escucha los diálogos. ¿Qué dibujo corresponde a cada diálogo?

A

B

C

D

E

F

G

4. Escucha y escribe [6]

Escucha los diálogos otra vez. ¿Qué expresiones oyes?

Pedir permiso
- ¿Puedo ir...?
- ¿Puedo comer...?
- ¿Puedo usar...?
- ¿Podemos ir...?
- ¿Pueden venir...?

Sí
Bueno.
Vale.
Claro.
¡Cómo no!
¡Por qué no!
Está bien.
Puedes ir.

Pedir ayuda
- ¿Me ayudas...?
- ¿Puedes ayudarme...?
- ¿Me haces el favor de...?
- Por favor...

No
No sé.
No me gusta la idea.
Mejor no.
No, mira...
Ahora no puedo.
No, de ningún modo.

Diálogo 1:
¿Puedo usar...?
Claro.

Diálogo 2:
...

5. Practica

Habla con tu compañero o con el profesor. Uno pide permiso o ayuda y el otro responde.

Ejemplo:
► *¿Podemos usar el diccionario?*
▷ *Bueno.*

► *¿Me ayudas a contestar estas preguntas?*
▷ *No, mira... ahora no puedo.*

► *¿Puedo jugar con vosotros?*
▷ *Sí, claro.*

6. Relaciona

Relaciona cada alimento con su nombre.

○ ocho melocotones
Ⓐ diez zanahorias
○ dos limones
○ tres pimientos
○ nueve manzanas
○ once cebollas
○ una lechuga
○ doce uvas
○ cuatro tomates
○ siete patatas
○ cinco naranjas
○ seis huevos

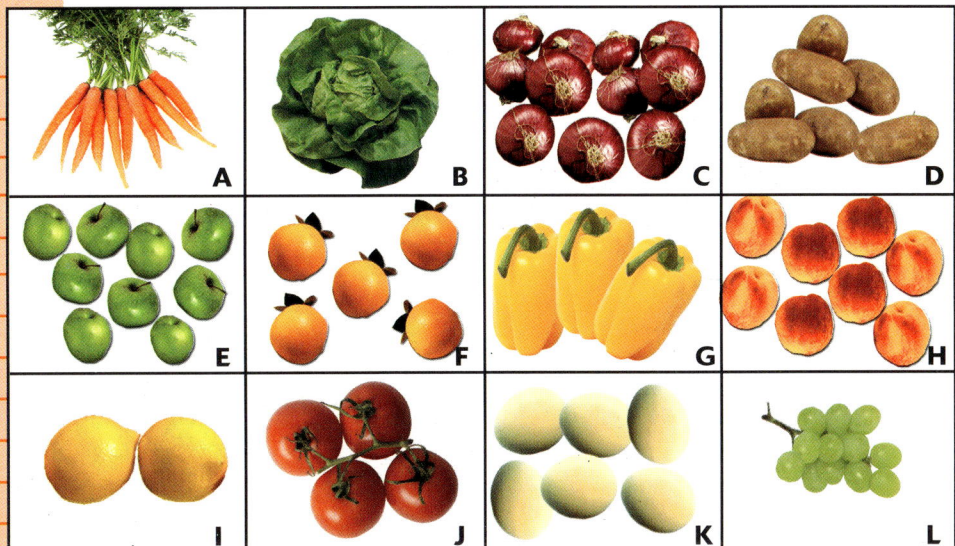

Ejemplo: *A – diez zanahorias*

Busca en la lista los nombres de los alimentos del dibujo. Usa tu diccionario o consulta con tu profesor.

LOS ALIMENTOS

Carnes	Productos lácteos	Frutas	Verduras
el conejo	la leche	la manzana	las judías verdes
el pollo	el queso	la pera	las espinacas
la ternera	el yogur	la naranja	el pimiento
el cordero	la mantequilla	el limón	la coliflor
el cerdo		el melocotón	
		el plátano	
		las fresas	
		las uvas	
		el melón	
		la sandía	

8. **Juega**

Vamos a jugar al *Memory* de los alimentos. Tu profesor te explicará cómo.

9. Observa

Singular

el tomate   **la** manzana

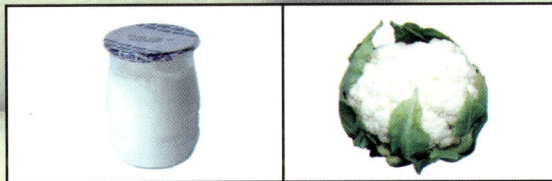

el yogur   **la** coliflor

Plural

los tomate**s**   **las** manzana**s**

los yogur**es**   **las** coliflor**es**

10. Relaciona y clasifica

Relaciona las formas de singular y plural de los sustantivos. Clasifícalos según su género (masculino o femenino) y su número (singular o plural).

- las fotos
- el país
- el padre
- los limones
- la actriz
- los plátanos
- el lápiz
- el limón
- la naranja
- las naranjas
- la foto
- la clase
- las actrices
- el actor
- la flor
- los países
- las paredes
- las clases
- los padres
- las flores
- los actores
- los lápices
- la pared
- el plátano

Masculino singular	Masculino plural	Femenino singular	Femenino plural
plátano	plátanos	naranja	naranjas
...	...	...	...

- el lim**ón** ⇨ los lim**ones**
- el melocot**ón** ⇨ los melocot**ones**
- el mel**ón** ⇨ los mel**ones**
- el sill**ón** ⇨ los sill**ones**
- el tabl**ón** ⇨ los tabl**ones**
- la canci**ón** ⇨ las canci**ones**
- la actri**z** ⇨ las actri**ces**
- la nari**z** ⇨ las nari**ces**
- el lápi**z** ⇨ los lápi**ces**

11. Observa, relaciona y dibuja

Relaciona los objetos de la foto con sus nombres. Luego dibújalos en tu cuaderno y escribe el nombre junto a cada objeto.

- el mantel
- la servilleta
- el plato
- el vaso
- la copa
- la taza
- el tenedor
- el cuchillo
- la cuchara
- la cucharilla

¿Cómo es en tu país? ¿Se sirve igual la mesa?

12. Observa

Hay, en español, tres formas de conjugar los verbos. Se llaman la primera, la segunda y la tercera conjugación. Se distinguen por la terminación del infinitivo: –ar (1ª conjugación), –er (2ª conjugación), –ir (3ª conjugación).

	Verbos de la 1ª conjugación	Verbos de la 2ª conjugación	Verbos de la 3ª conjugación
	hablar	comer	vivir
yo	hablo	como	vivo
tú	hablas	comes	vives
él, ella	habla	come	vive
nosotros, nosotras	hablamos	comemos	vivimos
vosotros, vosotras	habláis	coméis	vivís
ellos, ellas	hablan	comen	viven

13. Clasifica

¿A qué conjugaciones pertenecen los siguientes verbos?

- cantar
- repetir
- poder
- tener
- ir
- vivir
- hablar
- correr
- ver
- escribir
- llevar
- entender
- coger
- perdonar
- empezar
- llamar
- comer
- leer
- preguntar

14. Conjuga

Conjuga en voz alta los verbos *cantar, correr* y *escribir*. Luego, escribe en tu cuaderno la conjugación de estos tres verbos.

15. ¿Qué hora es?

Es la una.

Son las dos.

Son las cuatro cinco.

Son las doce.

Son las nueve en punto.

Son las seis y media.

Son las tres y cinco.

Son las cinco y cuarto.

Son las doce y veinticinco.

Son las dos menos veinte.

Son las cuatro menos cuarto.

Son las siete menos diez.

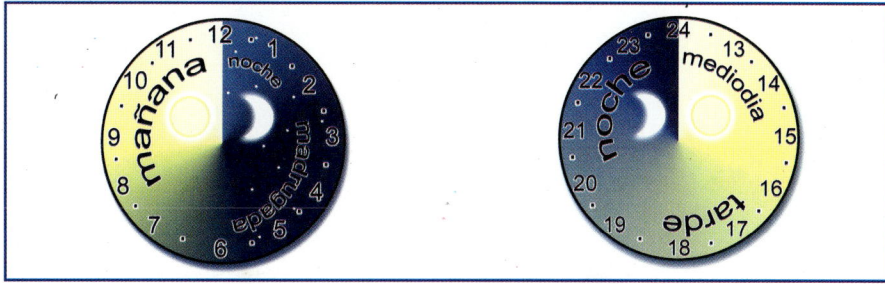

05:00	Son las cinco de la madrugada (o de la mañana).
10:30	Son las diez y media de la mañana.
14:15	Son las dos y cuarto del mediodía.
18:45	Son las siete menos cuarto de la tarde.
21:50	Son las diez menos diez de la noche.

00:00	Son las cero horas. Son las veinticuatro horas. Son las doce de la noche (o de medianoche).
15:00	Son las quince horas. Son las tres de la tarde.
17:23	Son las diecisiete horas y veintitrés minutos.
04:46	Son las cuatro (horas) y cuarenta y seis (minutos).
14:03:20	Son las catorce horas, tres minutos, veinte segundos.

16. Escucha y dibuja [7]

Dibuja en tu cuaderno nueve relojes en blanco: cuatro relojes de agujas y cinco digitales. Escucha y anota las horas.

Ejemplos:

"Son las doce en punto."

"Son las dos menos cinco de la madrugada".

01:55

17. Observa y practica

Me encanta el chocolate.
Me encantan los helados.

Me gusta mucho el melón.
Y los plátanos también me gustan mucho.

Me gustan las lentejas.
Me gusta la pasta.

La ensalada no me gusta mucho.
Las verduras no me gustan mucho.

No me gusta el jamón.
No me gustan las zanahorias.

Las judías verdes no me gustan nada.
La coliflor no me gusta nada.

Fíjate bien:

Me encantan los helados. = Los helados me encantan.
No me gusta el jamón. = El jamón no me gusta.

me gusta, me encanta... el jamón, la pasta (singular)
me gustan, me encantan... las verduras, las judías (plural).

Habla con tu compañero y descubre qué alimentos le gustan.

Ejemplo:

▶ ¿Te gustan las magdalenas?
▷ No, no me gustan mucho.
▶ ¿Te gusta la mermelada de fresa?
▷ Sí, la mermelada me encanta.

18. Escucha [8]

Escucha lo que dicen Paco y Maite y observa cómo usan estas expresiones.

Voy al cine...
Me gusta el cine...

= → Yo también (voy).
A mí también (me gusta).

≠ → Yo no.
A mí no.

Yo no voy al cine...
No me gusta el cine...

= → Yo tampoco (voy).
A mí tampoco (me gusta).

≠ → Yo sí.
A mí sí.

Escucha nuevamente el diálogo y di qué hace y qué le gusta a cada uno.

Maite Paco	va no va	al cine. al teatro.
	sí/no.	
A Maite A Paco	le gusta(n) no le gusta(n)	el cine. las películas en inglés. las películas de miedo. las películas de acción. las películas históricas.
	también/tampoco.	

Fíjate bien:

(YO) A mí...	(TÚ) A ti...	(ÉL/ELLA) A él/ella
me gusta(n)	te gusta(n)	le gusta(n)
me encanta(n)	te encanta(n)	le encanta(n)

19. Practica

Habla con tu compañero y descubre gustos comunes y diferentes. Luego cuéntaselos al resto del grupo.

Ejemplo:
► ¿Te gusta la comida española?
▷ No, no me gusta mucho.
► A mí sí. Me encanta.
▷ ¿Te gusta la clase de español?
► Sí.
▷ A mí también.

	A mí...	A mi compañer@	
— la comida española	me encanta	no le gusta mucho	≠
— la clase de español	me gusta	le gusta	=
— ...	...	...	...

Aquí y allá

20. Lee

¿Cuándo y dónde comen los españoles?

A todos nos gusta comer bien, ¡claro! Pero, con el ritmo de la vida moderna, a veces no podemos. En una familia española tradicional, la madre trabaja en casa casi todo el día. Una parte importante de ese trabajo es ir a la compra y preparar las comidas. Pero en la sociedad moderna, hombres y mujeres trabajan por igual fuera del hogar. Y, cuando están en casa, tienen poco tiempo para preparar comidas complicadas.

La primera comida del día es el *desayuno*. Muchos españoles desayunan muy poco en casa a primera hora de la mañana, pero luego toman un bocadillo o un café a media mañana en el colegio, en el trabajo o en un bar.

La comida principal es la de mediodía, llamada el almuerzo o, simplemente, la *comida*. La mayoría de españoles comen a las dos o a las tres. Unos comen en sus casas y otros en el colegio, en el trabajo o en un restaurante cerca del trabajo.

A media tarde, los niños y jóvenes toman la *merienda* en sus casas. A la mayoría les dan para merendar un bocadillo o un vaso de leche.

Y por la noche, a las nueve o a las diez, es la hora de la *cena*. La gente cena normalmente en sus casas. Pero también a veces cenan en un restaurante.

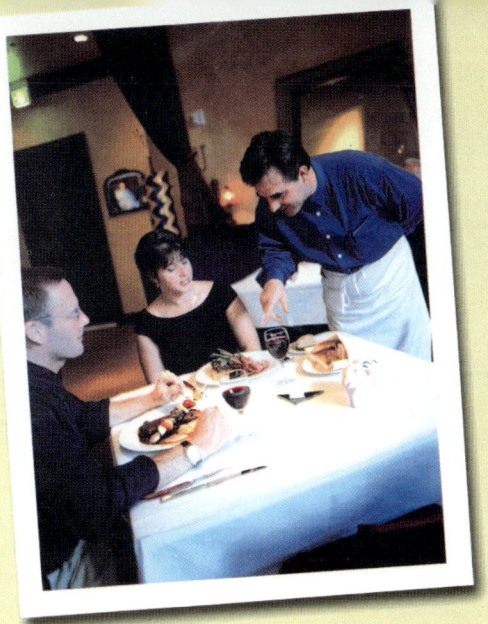

21. Observa

Sustantivo	Verbo
el desayuno	desayunar
la comida	comer
la merienda	merendar
la cena	cenar
la vida	vivir
la compra	comprar

El hombre — La mujer

Tradicional — Moderno

En casa

Fuera de casa

El bar

El restaurante

Ir a la compra

Preparar la comida

todo

una parte

casi todos, la mayoría

22. Relaciona y forma frases

el desayuno •
el bocadillo o café de media mañana •
la comida •
la merienda •
la cena •

• en casa, en el colegio, en el trabajo o en un restaurante
• en casa
• en casa o en un restaurante
• en el colegio, en el trabajo o en un bar
• en casa

• por la noche
• a primera hora de la mañana
• a media tarde
• a mediodía
• a media mañana

Ejemplo: *En España, la gente toma el desayuno en casa a primera hora de la mañana.*

23. Ahora escribe tú

¿Cuándo y dónde come la gente en tu país? ¿A ti qué te gusta comer?

Unidad 5

En esta unidad...

- **Juegos y deportes**

Te toca.
Es tu turno.

merendar, meriendo
volver, vuelvo
jugar, juego
repetir, repito

¿Qué hacéis por
las tardes?

¿A qué estáis jugando?
¿Puedo jugar?

- Hablar de acciones habituales.
El presente de indicativo: verbos
irregulares y verbos pronominales

me levanto, te levantas, se
levanta, nos levantamos, os
levantáis, se levantan

- **Números ordinales de 1 a 10 y figuras geométricas**

- **El artículo indeterminado**

- **Los días y los meses**

Y al final de esta unidad...

Un mundo de todos: Juegos y deportes del mundo

Elige un juego o deporte y busca información sobre él. ¿En qué países del mundo es más popular? ¿De dónde son algunos de los deportistas que más destacan en su práctica? ¿Qué hace falta para jugar? Busca imágenes relativas a ese juego.

Antes de empezar

1. ¿Qué sabes decir?

2. ¿Cómo se llama?

Aprende los nombres de estas figuras geométricas.

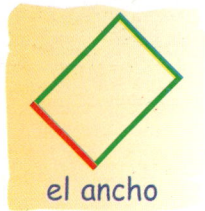

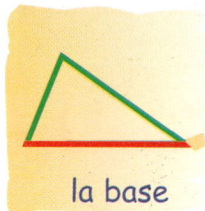

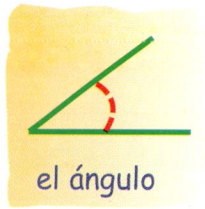

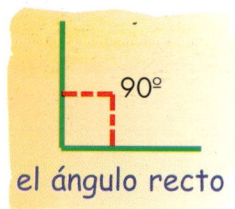

el círculo

el cuadrado

el rectángulo

el triángulo

el radio

el diámetro

la circunferencia

el centro

el lado

el ancho

el largo

la base

la altura

el ángulo

el ángulo recto

3. Describe

¿Entiendes estos adjetivos?
Úsalos para describir lo que
ves en el dibujo.

- *circular*
- *cuadrado*
- *triangular*
- *rectangular*
- *redondo (= circular)*

Ejemplo: *Hay una ventana redonda.*

Recuerda las formas del adjetivo:

Masculino singular	Femenino singular
-o	-a
-[consonante]	-[consonante]

Escucha y responde 🔘 [9-10]

Fíjate en los números ordinales; algunos ya los conoces...

Masculino	Femenino
1º primero	1ª primera
2º segundo	2ª segunda
3º tercero	3ª tercera
4º cuarto	4ª cuarta
5º quinto	5ª quinta
6º sexto	6ª sexta
7º séptimo	7ª séptima
8º octavo	8ª octava
9º noveno	9ª novena
10º décimo	10ª décima

Observa:
*Álvaro es **el primero** de la lista.*
*Juan es **el tercero** de la carrera.*

Pero:
*Álvaro es **el primer** alumno de la lista.*
*Juan es **el tercer** corredor.*

Escucha la grabación. ¿En qué orden llegan al final de la carrera?

Ejemplos: *El primero es José Miguel. El segundo...*
La primera es...

5. ¿Cómo se llama?

¿Sabes el nombre de estos deportes en español? Relaciona los nombres con los dibujos.

Ejemplo: *A - la natación*

el voleibol	el ciclismo	la natación	el tenis

el atletismo   el fútbol   una carrera popular

el golf   el motociclismo   la gimnasia

el baloncesto   el automovilismo

6. Observa y practica

Aprende cómo se llaman los siete días de la semana y los doce meses del año. Fíjate cómo se pregunta y se dice la fecha.

Los días de la semana:

lunes
martes
miércoles
jueves
viernes
sábado
domingo

Los meses del año:

enero	julio
febrero	agosto
marzo	septiembre
abril	octubre
mayo	noviembre
junio	diciembre

Marzo

L	M	M	J	V	S	D
	1	2	3	4	5	6
7	8	9	10	11	12	13
14	15	16	17	18	19	20
21	22	23	24	25	26	27
28	29	30	31			

–¿Qué día es hoy?
Hoy es miércoles.

–¿Qué fecha es hoy?
Hoy es 16.
Es miércoles, 16 de marzo de 2005.

7. Observa y responde

Fíjate en estos verbos. Indican acciones que realizamos todos los días. Luego, responde con tus compañeros.

> vamos
> dormimos   volvemos
> ayudamos   comemos
> nos lavamos
> hablamos
> corremos   descansamos
> estudiamos

¿Qué hacéis por la mañana?
a mediodía?
por la tarde?
por la noche?
a la hora del recreo?
en casa?
en el instituto?

Recuerda:

	(nosotros)
hablar →	hablamos
comer →	comemos
vivir →	vivimos
llamarse →	nos llamamos

Pero...
ir → vamos

Ejemplo:
▶ ¿Qué hacéis por la mañana?
▷ Nos despertamos a las siete, nos levantamos y nos lavamos. Luego,...

despertarse   levantarse   lavarse   desayunar   vestirse

peinarse   lavarse los dientes   salir de casa   venir al instituto   llegar al instituto

estudiar   salir al recreo   hablar   jugar   volver a clase

ir a clase de gimnasia   correr y saltar   irse a casa   comer   descansar un rato

hacer los deberes   practicar deportes   merendar   ayudar en casa

ver la televisión   ducharse   cenar   acostarse y leer   dormir

8. **Escucha y relaciona** 🔘 [11]

Escucha el diálogo y relaciona el inicio de cada frase con su final.

Maribel se levanta... •	• ... en coche con su padre.
Ignacio **se despierta**... •	• ... **juega** al fútbol, **merienda**, hace los deberes.
Por las mañanas, Ignacio se ducha, **se viste**... •	• ... en bicicleta.
Ignacio **viene** al instituto... •	• ... a las once y media.
Maribel **viene**... •	• ... a las siete.
Maribel **vuelve**... •	• ... y sale de casa a las ocho.
Por las tardes, Maribel... •	• ... a casa con sus amigos.
Ignacio, por las tardes,... •	• ... ayuda en casa, estudia y va a nadar a la piscina.
Ignacio **se acuesta**... •	• ... a las siete y cuarto.
Maribel **se duerme**... •	• ... a las once.

Ejemplo: *Maribel se levanta a las siete.*

9. **Observa y practica**

e → ie	o → ue	e → i	u → ue	-g-
merendar	**volver**	**vestirse**	**jugar**	**salir**
mer**ie**ndo	v**ue**lvo	me v**i**sto	j**ue**go	sal**g**o
mer**ie**ndas	v**ue**lves	te v**i**stes	j**ue**gas	sales
mer**ie**nda	v**ue**lve	se v**i**ste	j**ue**ga	sale
merendamos	volvemos	nos vestimos	jugamos	salimos
merendáis	volvéis	os vestís	jugáis	salís
mer**ie**ndan	v**ue**lven	se v**i**sten	j**ue**gan	salen

10. **Conversa**

Habla con tu compañero y averigua qué hace por las mañanas, a mediodía y por las tardes. Compara lo que hace él o ella con lo que haces tú y toma notas.

Ejemplo:
► *¿Qué haces por las mañanas?*
▷ *Bueno... pues me levanto,...*
► *¿A qué hora te levantas?*
▷ *A las siete y cuarto o siete y media.*
► *Yo también me levanto a esa hora. ¿Qué más haces?*
▷ *Luego me ducho, me visto...*

Ahora informa al grupo sobre lo que hacéis tu compañero y tú.

Ejemplo: *Mi compañera Ying se levanta a las siete y cuarto o siete y media. Yo también me levanto a las siete y cuarto o siete y media. Luego, Ying se ducha, se viste...*

11 **Escribe**

Escribe una redacción sobre lo que haces todos los días.

Ejemplo: *Todos los días me levanto a las ocho menos cuarto, desayuno y me ducho.*
Luego... Después... A las ocho y media... Más tarde... A mediodía... Por la tarde...

12. Escucha y completa [12]

Lucía va a 2º de E.S.O. y su hermano Juan Ramón a 3º. Escucha lo que dicen mientras van al instituto el lunes por la mañana. Copia los esquemas en tu cuaderno y completa la información.

Lucía

Lunes	
8:30 – 9:20	¿?
9:25 – 10:15	Lengua Castellana y Literatura
10:20 – 11:10	¿?
11:10 – 11:50	recreo
11:50 – 12:40	Tecnología
12:45 – 13:35	Ciencias de la Naturaleza
13:40 – 14:30	¿?

Asignatura	Profesor	Asignatura	Profesor
Lengua Castellana y Literatura	Mª Dolores	¿?	Ángel
Inglés	Maite	Tecnología	Alicia
Matemáticas	Paloma	¿?	José Manuel (tutor)
Ciencias Sociales	Nieves	Cultura Clásica	Pilar Martínez
Educación Física	Baltasar	Sociedad, Cultura y Religión	Pilar Ruiz
Ciencias de la Naturaleza	Juan Antonio		

Juan Ramón

Lunes	
8:30 – 9:20	¿?
9:25 – 10:15	Ciencias sociales
10:20 – 11:10	¿?
11:10 – 11:50	recreo
11:50 – 12:40	Educación Plástica
12:45 – 13:35	Matemáticas
13:40 – 14:30	Física y Química

Asignatura	Profesor	Asignatura	Profesor
Lengua Castellana y Literatura	Marta	Biología y Geología	Ana
Inglés	Leyre	Educación Plástica	Paco
Matemáticas	Paloma	¿?	Alicia (tutora)
Ciencias Sociales	¿?	Música	Cristina
Educación Física	Baltasar	Francés	Victoria
Física y Química	Pepe	Sociedad, Cultura y Religión	Pilar Ruiz

13. Escucha y relaciona [12]

Escucha nuevamente el diálogo, observa la información del ejercicio anterior y fíjate cómo llaman los chicos a estas asignaturas.

Nombre de la asignatura
Educación Plástica y Visual
Educación Física
Matemáticas
Lengua Castellana y Literatura
Ciencias de la Naturaleza
Ciencias Sociales, Geografía e Historia

Los chicos dicen

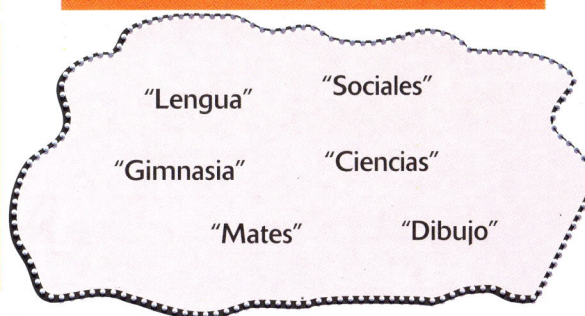

"Lengua"   "Sociales"

"Gimnasia"   "Ciencias"

"Mates"   "Dibujo"

14. Conversa

Y tú, ¿qué asignaturas tienes? ¿Y tus compañeros? ¿Tienen ellos las mismas que tú? ¿Cuáles te gustan más? ¿Y a ellos?

15. Adivina y completa

Vamos a jugar al *Juego del horario escolar*. Tu profesor te dará una hoja con un horario de clases. La hoja de tu compañero tiene un horario distinto. Pregunta a tu compañero y contesta a sus preguntas hasta completar el horario vacío de tu hoja con las asignaturas que tocan cada día.

16. **Escucha y escribe** [13]

Observa los dibujos. ¿Conoces estos juegos? Intenta relacionar cada juego con el material necesario para jugarlo. Haz una lista como la del ejemplo. Luego escucha la grabación y comprueba tus hipótesis.

Ejemplo:

Juego	Material necesario
Ajedrez	• un tablero • unas piezas de ajedrez

JUEGOS:

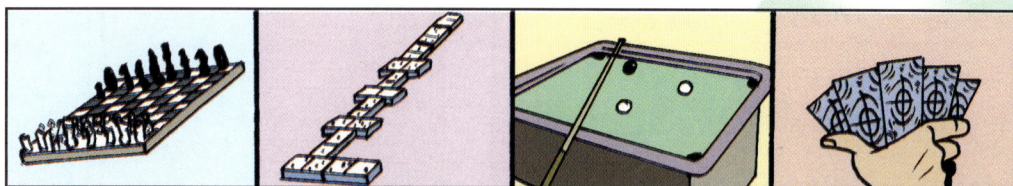

el ajedrez   el dominó   el billar   los juegos de cartas

el parchís   el futbolín   el ping-pong   los juegos de ordenador   los videojuegos

Material necesario:

la mesa de billar   el tablero de parchís   el tablero de ajedrez   los juegos de ordenador   la mesa de ping-pong

la consola   las palas   las piezas de ajedrez   la baraja   las bolas   el taco

el ordenador   la red   la pelota   las fichas de dominó   las fichas de parchís   la mesa de futbolín

17. **Observa y practica**

Fíjate en estas expresiones que usamos para jugar con los amigos:

▶ ¡Hola! ¿Puedo jugar?
▷ Sí, claro.

▶ ¿A qué estáis jugando?
▷ Al baloncesto. ¿Quieres jugar?
▶ Bueno.

▷ Lola, te toca.
▶ ¡Ah! ¿Me toca a mí?
▷ Sí, es tu turno.

▶ ¿Echamos una carrera?
▷ ¡Venga! A ver quién llega antes...

... y en estas otras que usamos para hablar de deportes.

▶ ¿Te gusta el fútbol?
▷ Sí, claro. Me encanta.
▶ ¿De qué equipo eres?
▷ Soy del Barça. ¿Y tú?
▶ Yo soy hincha del Dinamo de Kiev.

Ahora practica con tus compañeros.

18. Lee

La educación:

¿Qué es la E.S.O.? ¿Y después de la E.S.O.?

¿Qué significa E.S.O.? Estas letras son las siglas de Educación Secundaria Obligatoria. Pero vamos a ver cómo es el sistema educativo en España...

Antes de ir a la E.S.O., cuando son pequeños, los niños cursan la educación infantil, que va desde los tres hasta los seis años, y luego los seis cursos de la educación primaria, que comienzan a los seis años. Estos estudios se realizan en colegios de educación infantil y primaria.

Luego, los alumnos cursan la E.S.O. Los cuatro años de la E.S.O. se estudian en los institutos de enseñanza secundaria (I.E.S.) o en colegios privados. ¿Y luego...?, ¿qué hacen los jóvenes después de terminar la E.S.O.?

En España la educación es obligatoria hasta los dieciséis años, pero al final de la E.S.O. cada chico o chica puede elegir... A los dieciséis años, los jóvenes pueden empezar a trabajar. Pero si quieren estudiar más, hacen el bachillerato o la formación profesional de grado medio.

Edad	
	Trabajo
18	Universidad / Formación Profesional de Grado Superior / Formación Profesional de Grado Medio
	Bachillerato 1º y 2º
16	Educación Secundaria Obligatoria (E.S.O.) 1º, 2º ,3º y 4º
12	Educación Primaria 1º, 2º ,3º, 4º, 5ª y 6ª
6	Educación Infantil
3	Educación Preescolar
0	

El bachillerato y la formación profesional (de grado medio o superior) también se cursan en los institutos o en colegios privados. En la formación profesional, los estudiantes aprenden una profesión. Los dos cursos del bachillerato, por su parte, son el camino más directo para quienes quieren ir a la universidad o a la formación profesional de grado superior.

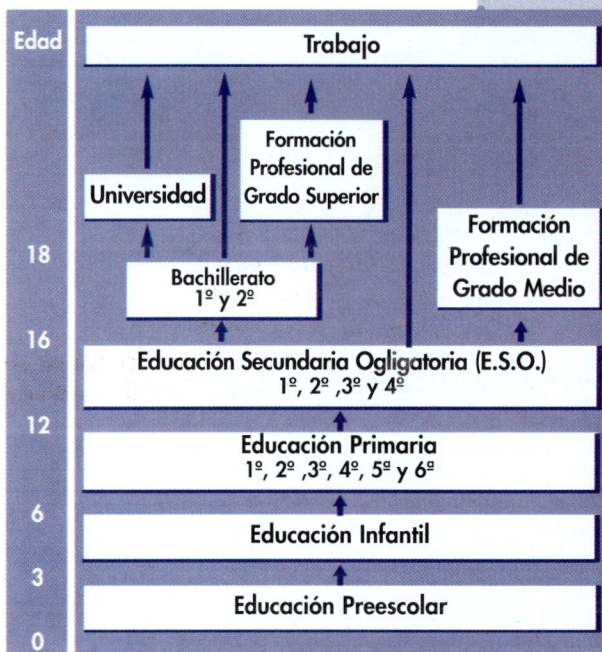

comenzar: empezar.
realizar: hacer.
infantil: para niños.

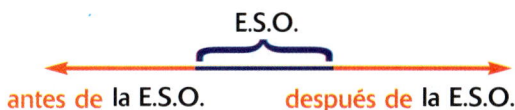

A ● → **B**
desde A   hasta B

E.S.O.
antes de la E.S.O.   después de la E.S.O.

el curso escolar

19. Habla

Habla con tus compañeros y con el profesor sobre el sistema educativo de tu país y el de España.

- ¿En qué mes comienza el curso escolar? ¿Y en qué mes termina?
- ¿En qué meses son las vacaciones?
- ¿Hasta qué edad es obligatoria la educación?
- ¿Para ti qué asignaturas son más interesantes?
- ...

Unidad 6

En esta unidad...

- Hablar de acciones en desarrollo
  El gerundio

  Estoy estudiando.

  ¿Qué hace?
  ¿A qué se dedica?
  ¿Dónde trabaja?
  ¿Qué quieres ser de mayor?

- Las profesiones

  Es dependienta.
  Trabaja en una tienda.
  Está jubilado.

  ¿Qué tiempo hace?

- **El tiempo atmosférico, las estaciones y el clima**

  Está nublado.
  Llueve.
  Hace frío.

- **Las comunidades autónomas y las provincias**

Y al final de esta unidad...

Un mundo de todos: Climas del mundo

Investiga con tus compañeros cómo es el clima en distintos lugares del mundo. Elige un país o una región del planeta y busca información sobre sus características climáticas. Incluye algunas imágenes.

Antes de empezar

1. ¿Qué sabes decir?

2. Observa y escucha [14]

Observa estos nombres de profesiones y lugares de trabajo. Luego escucha lo que dicen Enrique y Silvia. ¿De cuáles de estas profesiones y lugares hablan?

la obra — albañil · el bar — camarero · la fábrica · obrera · el campo — agricultor

la consulta, el hospital — dentista · médico · maestra · el colegio, el instituto — profesora

policía · taxista · dependiente · empleada del hogar

la peluquería — peluquero · parado (sin trabajo) · jubilada · ama de casa — la casa (propia)

electricista · bailarín · el teatro — actriz · cantante

3. ¿Verdadero o falso? [14]

Escucha el diálogo nuevamente y responde verdadero o falso.

1. El padre de Silvia trabaja en un bar.   *Falso: es albañil y trabaja en una obra.*
2. La madre de Silvia es ama de casa.   *Verdadero.*
3. El padre de Enrique trabaja en el campo.
4. El padre de Enrique es agricultor.
5. La madre de Enrique trabaja en una fábrica.
6. El hermano de Enrique es médico.
7. El hermano de Enrique está parado.
8. La hermana de Enrique trabaja en una fábrica.
9. La hermana de Enrique quiere ser médica.
10. Enrique quiere ser peluquero.
11. Enrique quiere estudiar en la universidad.
12. A Silvia no le gusta estudiar.

4. Escucha y relaciona 🔵 [14]

Escucha el diálogo una vez más y fíjate en estas expresiones. Las usan los jóvenes cuando hablan entre "colegas", o sea entre amigos. Relaciona cada expresión con su equivalente en el lenguaje formal.

Ejemplo: colega ➡ amigo, amiga.

Entre "colegas"		Lenguaje formal	
currar	¡cómo mola!	¡oh! ¡vaya!	trabajo
curro	molar	trabajar	amigo, amiga
¡jo!	empollón, empollona	estudioso, estudiosa	¡qué bonito! ¡qué interesante!
tío, tía	colega	hombre, mujer, chico, chica	gustar

5. Conversa

Habla con tu compañero sobre las profesiones de vuestros familiares o amigos y sobre qué queréis ser de mayores.

Ejemplo: *¿A qué se dedica...? ¿Dónde trabaja...? ¿Qué hace...? ¿Qué quieres ser de mayor?*

6. ¿Dónde estás?

Lee el diálogo. Fíjate en el uso del verbo *estar*.

▶ ¡Hola, Javier! ¿Dónde *estás*?

▷ *Estoy* en el parque con Adriana.

▶ ¿Qué *estáis* haciendo?

▷ *Estamos* dando una vuelta en bici. ¿Y tú qué *estás* haciendo?

▶ *Estoy* estudiando para el examen de Lengua. ¿Sabes dónde *está* Enrique?

▷ No sé... Creo que *está* en casa de Celia. *Están* haciendo el trabajo de Inglés.

▶ ¿Por qué no los llamamos para quedar esta tarde? Podemos ir todos al cine o a tomar algo.

▷ Vale, yo los llamo.

7. Observa

El verbo *estar* se usa para indicar la situación de algo o alguien (*dónde está*):

(Yo)	estoy	en el parque.
¿Dónde	estás	?
Enrique	está	en casa de Celia.

Adriana y yo	estamos	en el parque.
¿Dónde	estáis	?
Celia y Enrique	están	en casa de Celia.

También se usa, seguido de gerundio, para hablar de acciones en desarrollo:

(Yo)	estoy	estudiando.
¿Qué	estás	haciendo?
Enrique	está	haciendo el trabajo.

Adriana y yo	estamos	dando una vuelta.
¿Qué	estáis	haciendo?
Celia y Enrique	están	haciendo el trabajo.

Observa cómo se forma el gerundio.

	Infinitivo	Gerundio
-AR → -ANDO	hablar estudiar lavarse	hablando estudiando lavándose
-ER → -IENDO	comer correr	comiendo corriendo
-IR → -IENDO	vivir escribir	viviendo escribiendo

Pero...

ir	yendo
oír	oyendo
leer	leyendo
poder	pudiendo
dormir	durmiendo
venir	viniendo
repetir	repitiendo
vestirse	vistiéndose

8. ¿Qué están haciendo? [15]

Escucha la conversación. ¿Qué está haciendo cada persona de esta familia numerosa? Forma frases como la del ejemplo.

Ejemplo: *La madre de Sonia está yendo a casa.*

- la madre de Sonia
- Maria
- Esther
- Gonzalo
- Rosa
- Mario
- Sonia
- el padre de Sonia

- ducharse
- ir a casa
- vestirse para salir
- comer
- oír música
- leer un libro
- jugar
- escribir una redacción

9. ¿Qué tiempo hace?

Hace frío

Hace calor

10ºC	5ºC	-5ºC	25ºC	30ºC	40ºC
Hace un poco de frío (o èstá fresco).	Hace bastante frío.	Hace mucho frío.	Hace un poco de calor.	Hace bastante calor.	Hace mucho calor.

Hace sol

Está nublado

Hace un poco de sol.	Hace bastante sol.	Hace mucho sol.	Está un poco nublado.	Está bastante nublado.	Está muy nublado.

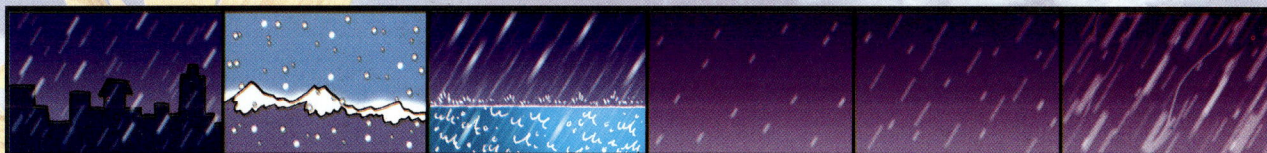

Está lloviendo.	Está nevando.	Está granizando.	Está lloviendo un poco.	Está lloviendo bastante.	Está lloviendo mucho.

Hace viento

Hay niebla

Hace un poco de viento.	Hace bastante viento.	Hace mucho viento.	Hay un poco de niebla.	Hay bastante niebla.	Hay mucha niebla.

20ºC

La temperatura es de 20º C (grados centígrados).
El termómetro marca 20º C.

Hay tormenta.	Caen rayos (o relámpagos).	Se oyen truenos.

10. Escucha y relaciona [16]

Escucha los diálogos y relaciona cada ciudad con una imagen.

Ejemplo: *A – Palma de Mallorca*

A   28ºC

B   30ºC

C   25ºC

D   8ºC

E   5ºC

F   5ºC

- Barcelona
- Bilbao
- Madrid
- Palma de Mallorca
- Sevilla
- Santa Cruz de Tenerife

11. Practica

Habla con tu compañero del tiempo que hace. Podéis inventar situaciones como las del ejercicio anterior.

12. ¿Sabes que...?

En España hay 17 comunidades autónomas. Dos de ellas son archipiélagos (es decir, grupos de islas) y las otras están en la Península Ibérica. Algunas comunidades se dividen en dos o más provincias. En toda España hay 50 provincias. También hay dos ciudades autónomas situadas en el norte de África. Observa el mapa.

MAR CANTÁBRICO

_ En Cantabria se encuentran las cuevas de Altamira, con importantes pinturas prehistóricas.

_ En Santiago de Compostela hay una famosa catedral románica.
_ La lengua de Galicia es el gallego.
_ La gaita es un instrumento musical típico de Galicia.
_ En Galicia, la pesca es una importante actividad económica.

_ En Asturias es típica la sidra, una bebida alcohólica que se hace con manzanas.

PRINCIPADO DE ASTURIAS

Oviedo

La Coruña

Santiago de Compostela

GALICIA

_ Los Picos de Europa son unas situadas entre Asturias, Cant Castilla y León.

_ Dos lugares de especial interés turístico de La Rioja son San Millán de la Cogolla y Santo Domingo de la Calzada.
_ El vino es el producto característico de La Rioja.

Valla

DUERO

_ Hay muchos castillos; por eso se llama "Castilla".
_ Salamanca es famosa por su universidad y su Plaza Mayor.
_ El monumento más famoso de Segovia es su acueducto romano.
_ En Ávila es muy interesante la muralla medieval.
_ En Atapuerca, provincia de Burgos, están los restos humanos más antiguos de España.

Salamanca

OCÉANO ATLÁNTICO

N
O
E
S

TAJO

Cáceres

EXTREMADURA

_ Madrid es la capital de la Comunidad de Madrid y también la capital de España.
_ En el Museo del Prado está la más importante colección de pintura española.
_ Las Ventas es el nombre de una famosa plaza de toros situada en Madrid.
_ El plato típico de Madrid es el cocido; se hace con garbanzos, carne y verduras.
_ El chotis es un baile tradicional de Madrid.

Mérida

Badajoz

GUADIANA

P O R T U G A L

_ En la ciudad monumental de Cáceres hay muchos edificios antiguos.
_ En Mérida se encuentra un famoso teatro romano.

Córdo

GUADALQUIVIR

_ En Canarias, los relojes marcan una hora menos que en la península.
_ Un producto importante de Canarias es el plátano.
_ El Teide, en la isla de Tenerife, es la montaña más alta de España (3.715 m).

Sevilla

Santa Cruz de Tenerife
TENERIFE

FUERTEVENTURA

Ceuta

Las Palmas de Gran Canaria

CANARIAS

GRAN CANARIA

_ Ceuta y Melilla son dos ciudades au situadas en la costa norte de Áfr

M A R

_ La lengua del País Vasco es el vasco o euskera.
_ En Bilbao está el Museo Guggenheim.
_ En San Sebastián se celebra un importante Festival Internacional de Cine.

_ En Pamplona se celebran, el 7 de julio, los sanfermines (o fiesta de San Fermín).

_ La lengua de Cataluña es el catalán.
_ El 23 de abril se celebra en Cataluña el día de San Jorge (en catalán *Sant Jordi*), el regalo característico de este día es un libro y una rosa.
_ El baile tradicional de Cataluña es la sardana.
_ La iglesia de la Sagrada Familia, del arquitecto Antonio Gaudí, es un importante monumento de Barcelona.
_ En la provincia de Gerona está la Costa Brava, una zona de gran interés turístico.

_ El baile tradicional de Aragón es la jota.
_ En Zaragoza, el 12 de octubre, se celebran las fiestas del Pilar.

der
San Sebastián
TABRIA
Bilbao
PAÍS
VASCO
Vitoria
Burgos
Logroño
LA RIOJA
STILLA Y LEÓN
Zaragoza
ARAGÓN
ía
MUNIDAD
E MADRID
adrid
Toledo
STILLA - LA MANCHA
ANDALUCÍA
a
Granada
Melilla

COMUNIDAD
FORAL DE
NAVARRA
Pamplona

F R A N C I A
PIRINEOS
CATALUÑA
Barcelona

EBRO

MENORCA

Palma de Mallorca
ISLAS BALEARES
MALLORCA

IBIZA

Valencia
COMUNIDAD
VALENCIANA

REGIÓN
DE MURCIA
Murcia
Cartagena

MAR MEDITERRÁNEO

_ La lengua de las islas Baleares es el catalán o mallorquín.
_ En las islas Baleares es muy importante el turismo.

_ Según la famosa novela de Miguel de Cervantes, en esta región vivió Don Quijote de la Mancha.
Toledo fue en la Edad Media un gran centro aral y de convivencia entre judíos, musulmanes y cristianos.

_ La lengua de la Comunidad Valenciana es el catalán o valenciano.
_ El producto más característico de la Comunidad Valenciana es la naranja.
_ El plato típico es la paella.
_ Las fiestas más famosas de Valencia son las Fallas. Se celebran el 19 de marzo.

_ La Región de Murcia tiene una importante agricultura y produce gran variedad de conservas.

_ El flamenco es el cante y baile tradicional de Andalucía.
_ La aceituna es un producto característico de esta comunidad.
_ Un plato típico es el gazpacho, sopa fría que se hace con tomates, pepinos, cebollas y ajo.
_ La Mezquita de Córdoba es el templo más importante que tenemos de la España musulmana.
_ La Alhambra de Granada es una importante fortaleza de la época musulmana.
_ En Sevilla, un monumento característico es la Giralda, torre de la antigua mezquita y de la catedral actual.
_ En Sevilla y otras ciudades de Andalucía es muy importante la Semana Santa, que se celebra con grandes procesiones religiosas.

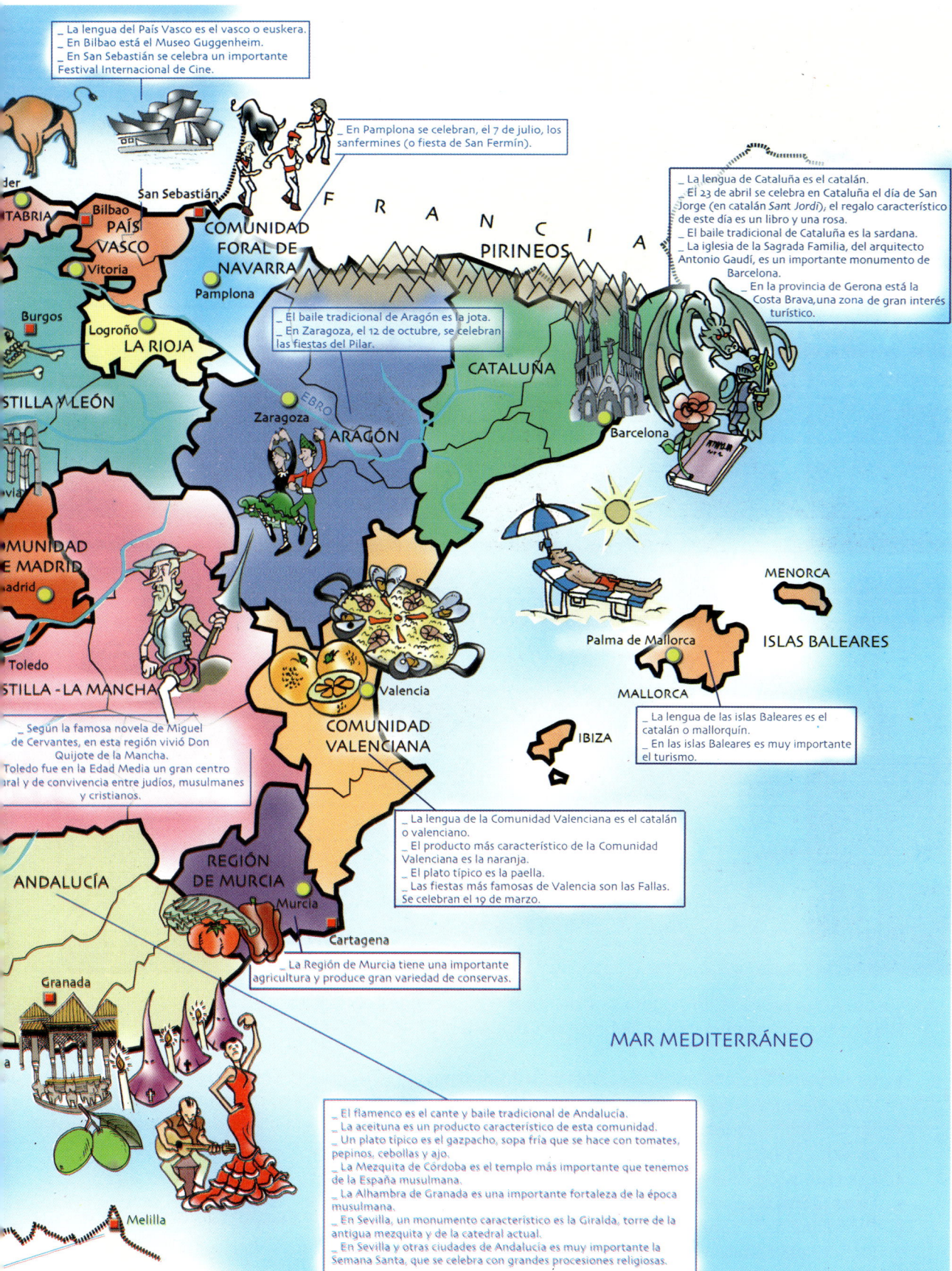

13. ¿Comprendes?

a) Observa las siguientes palabras que aparecen en el texto de las páginas anteriores. Relaciónalas con los dibujos. Si es necesario, consulta tu diccionario.

Ejemplo: *A - isla.*

- la ciudad • la costa • el este • la isla • el norte
- el oeste • la península • la montaña • el sur

• cristiano • judío • musulmán

- el castillo • la cueva • la muralla • el museo • la plaza de toros • la torre

- la agricultura • el baile • las conservas • el monumento
- la pesca • la pintura • la plaza • el regalo • el teatro

b) Sustituye las palabras en negrita por palabras o expresiones de la lista. Si es necesario, cambia otras palabras para que concuerden en género.

1. La Alhambra es una antigua **fortaleza** musulmana.
   – *La Alhambra es un antiguo castillo musulmán.*
2. En Córdoba hay una importante **mezquita**.
3. La sidra es una bebida **típica** de Asturias.
4. Las cuevas de Altamira **se encuentran** en Cantabria.
5. La **catedral** de Santiago está en la plaza del Obradoiro.
6. Pamplona es la **capital** de Navarra.
7. La Sagrada Familia es una importante **iglesia** de Barcelona.
8. El norte de Cataluña es una **región** muy interesante.

> característica
> castillo
> ciudad principal
> están situadas
> iglesia principal
> templo cristiano
> templo musulmán
> zona

14. Juega

Juega al *Juego de las autonomías*. Tu profesor te explicará cómo.

15. Observa y habla

Fíjate en este mapa del tiempo. Habla con tus compañeros del tiempo que hace en cada comunidad autónoma.

Ejemplo: *¿Qué tiempo hace hoy en las Islas Baleares?*
Hoy en las Islas Baleares hace bastante sol y no hace frío, pero hace un poco de viento.

	Cielo despejado
	Nubes y claros
	Cielo cubierto
	Chubascos
	Lluvia
	Tormenta
	Niebla
	Nieve
	Vientos flojos
	Vientos moderados
	Vientos fuertes

Aqui y allá

16. Lee

En la mayor parte de la Península Ibérica y en las Baleares, el clima es de tipo mediterráneo, cálido y seco. Llueve poco, sobre todo en verano. En verano hace mucho calor, especialmente en el sur, y los inviernos son suaves en la costa y fríos en el interior. En zonas de montaña, los inviernos pueden ser muy fríos.

Existe, sin embargo, una España húmeda, con un clima de tipo atlántico. A lo largo de la costa atlántica y cantábrica (en Galicia, Asturias, Cantabria y el País Vasco), llueve más y las temperaturas en verano son más frescas. Es la llamada "España verde".

Las islas Canarias, finalmente, cuentan con un clima subtropical cálido y seco. Aquí las temperaturas son suaves todo el año. Esto atrae a un gran número de turistas.

Señala en el mapa de España las zonas descritas en cada párrafo del texto anterior. Explica cómo es el clima en cada una.

17. Conversa

¿Cómo es el clima de tu país? ¿Las estaciones son como en España? Pregunta a tu compañero por el clima de su país y contesta a sus preguntas.

Unidad 7

En esta unidad...

• Expresar obligación

> Debes lavarte antes de salir.

> Tengo que estudiar.

> Hay que contestar las preguntas.

> Si te duele la cabeza, toma una aspirina.

• Expresar condición

> Escriba aquí su nombre, por favor.

• Sílabas tónicas y sílabas átonas

> Péinate bien.

• Dar instrucciones
El imperativo

• El cuerpo
Salud y enfermedad

Y al final de esta unidad...

Un mundo de todos: El arte en el mundo

Consigue información sobre alguna manifestación, estilo o técnica artística o sobre la obra de un artista de cualquier lugar del mundo. Descríbelos. ¿Cómo son? ¿Qué colores emplean? ¿Cómo se llaman sus obras más representativas?

Antes de empezar

1. ¿Qué sabes decir?

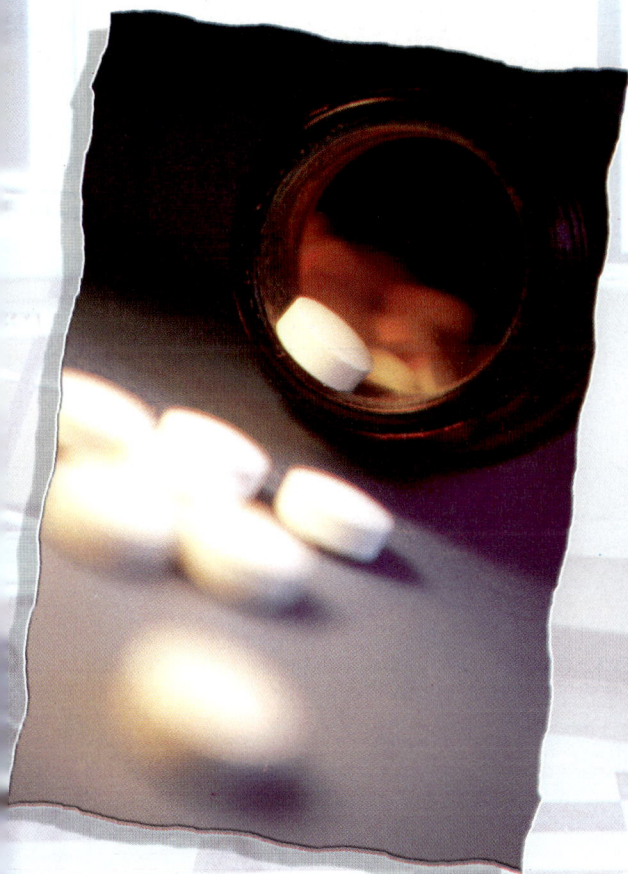

2. Observa

El cuerpo humano

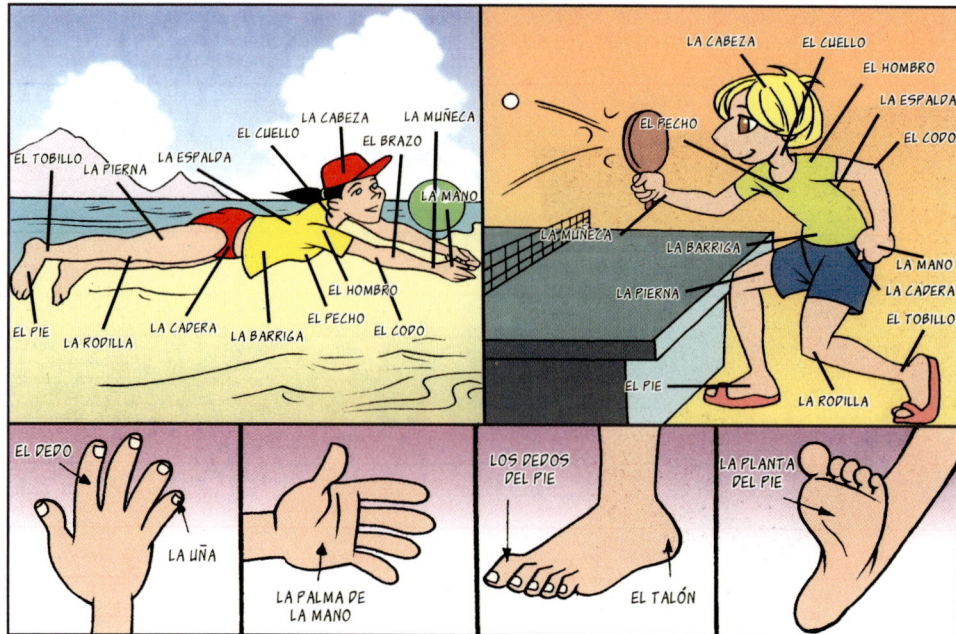

3. Observa, escucha y repite

Todas las palabras están formadas por **sílabas**. Si son dos o más, una se pronuncia más fuerte: la llamamos **sílaba tónica**.

1 sílaba	2 sílabas	3 sílabas	4 sílabas	5 sílabas	6 sílabas	7, 8, 9... sílabas
pie, a, de, ir, más, qué, pan	u-ña, hom-bro, ma-pa, ha-blar	ca-be-za, es-cri-bir, cír-cu-lo	pe-lí-cu-la, e-du-ca-ción, fut-bo-lis-ta	mo-to-ci-cle-ta, ma-te-má-ti-cas, u-ni-ver-si-dad	po-li-de-por-ti-vo, in-de-ter-mi-na-do, Me-di-te-rrá-ne-o	nor-te-a-me-ri-ca-no, ca-rac-te-rís-ti-ca-men-te

Las sílabas tienen normalmente una vocal. Pero a veces tienen dos, o incluso tres. Cuando dos vocales se pronuncian juntas en una misma sílaba, decimos que forman un **diptongo**. Es necesario que una de ellas al menos sea una vocal cerrada, es decir **i** o **u**, por ejemplo: ia, ie, ei, io, ua, au, ue, eu, iu, ui, etc.

Además, las sílabas pueden tener consonantes (C) antes o después de la vocal o vocales (V).

	V	C+V	V+C	C+V+C
1 vocal	dí-a, i-de-a, ca-ca-o	ca-ra-me-lo, to-ma-te, tra-ba-jo, pla-za, bra-zo	es-tu-diar, oc-ta-vo, un, ac-ción, al-to, em-pe-zar, ins-ti-tu-to	com-pás, man-tel, per-dón, rec-to, sex-to, trans-por-tar
2 vocales (diptongo)	Eu-ro-pa, au-la, hue-vo	muy, vo-lei-bol, A-le-ma-nia, bue-no, co-le-gio, ciu-dad	Aus-tra-lia, hier-ba, Hues-ca	cien, des-pués, i-gual

4. Practica

Separa en sílabas estas palabras y subraya la sílaba tónica: automóvil, aceite, azúcar, carpeta, cartel, diálogo, Holanda, mucho, química, televisor.
Ejemplo: *automóvil: au-to-mó-vil*

Luego escucha cómo las pronuncia tu profesor y comprueba tus respuestas.

Hay dos maneras de dirigirnos a otra persona. Fíjate en ellas.

usted

tú

Y lo mismo ocurre en plural.

ustedes

vosotros
vosotras

- Usamos *tú* o *vosotros* para dirigirnos a niños o jóvenes y también a personas mayores si son familiares o amigos.
- Usamos *usted* o *ustedes* para dirigirnos a otras personas mayores.

- Con *usted* se usa la forma verbal de la tercera persona del singular: ¿Usted **habla** español? ¿Él (o ella) **habla** español?
- Con *ustedes* se usa la forma de la tercera persona del plural: ¿Ustedes **hablan** español? ¿Ellos (o ellas) **hablan** español?

6. **Relaciona** [17]

¿Cuál de las siguientes expresiones crees que se usa en cada diálogo? Luego escucha los diálogos y comprueba tus hipótesis.

¿Habla usted...?

¿Les gusta...?

¿Hablas...?

¿Os gusta..?

7. **Observa**

Fíjate en las palabras subrayadas. Son verbos en imperativo. Se usan para dar instrucciones o pedir algo.

TÚ

Ricardo: Haz los deberes. Escribe la redacción para la clase de Lengua. Luego, ordena tu habitación. Después de cenar, lava los platos. Ten cuidado de no romperlos. Y, por favor, sé bueno y acuéstate temprano... ¡Nada de ver televisión hasta las tantas!

Teresa: Por favor, ve a la panadería y compra una barra de pan. Luego, vuelve a casa y prepara unos bocadillos para la merienda. Estudia para el examen de Matemáticas y termina tu trabajo de Tecnología.

La cena está en la nevera. Comed en la cocina.
Besos para los dos.
Papá

USTED

Marisa:

Por favor, vaya a la pescadería y compre algo de pescado para la cena. Luego, vuelva a casa y lave los platos, haga las camas, ordene las habitaciones y limpie bien el baño y la cocina. Prepare la cena de los chicos. Tenga cuidado de no romper nada.

Si quiere, váyase hoy un poco antes. Pero coma algo antes de irse. Y el jueves, por favor, venga a las 3 (tengo que ir al médico). El dinero está sobre la mesa del comedor.

Gracias por todo,
Anabel

VOSOTROS, VOSOTRAS

Escribid una redacción de cien palabras.

Haced los ejercicios.

Sentaos en vuestros sitios.

Ordenad las palabras para formar frases.

Abrid los libros en la página 46.

Id al servicio, pero volved enseguida.

Leed el texto.

Venid aquí.

Observad el dibujo.

Tomad estos diccionarios.

USTEDES

Ahora vuelvan a la otra sala.

Tengan cuidado.

Vengan aquí. Si quieren, siéntense para estar más cómodos.

Sean tan amables de seguir por allí.

Tomen fotografías si quieren, pero sin flash.

Hagan el favor de no tocar nada.

Observen este cuadro.

Pasen por aquí, por favor.

Completa

Copia estos cuadros en tu cuaderno y complétalos con las formas de imperativo de los verbos del ejercicio anterior.

Formas regulares

1ª Conjugación

	ordenar	preparar	observar	tomar	comprar	lavar
(tú)			observa	toma		
(vosotros/as)		preparad			comprad	lavad
(usted)			observe	tome		
(ustedes)	ordenen	preparen			compren	laven

2ª Conjugación

	comer	leer
(tú)	come	lee
(vosotros/as)		
(usted)		lea
(ustedes)	coman	lean

3ª Conjugación

	abrir	escribir
(tú)	abre	
(vosotros/as)		
(usted)	abra	escriba
(ustedes)	abran	escriban

Terminaciones regulares

	-ar	-er	ir
(tú)	-a		
(vosotros/as)			
(usted)			
(ustedes)			

Formas irregulares

	ser	ir	venir	hacer	tener	volver
(tú)			ven			
(vosotros/as)	sed				tened	
(usted)	sea					
(ustedes)		vayan				

Verbos pronominales

	sentarse	acostarse	irse
(tú)	siéntate		vete
(vosotros/as)		acostaos	idos
(usted)	siéntese	acuéstese	
(ustedes)		acuéstense	váyanse

9. Escucha y relaciona 🔵 [18]

Intenta adivinar cuáles de las siguientes expresiones aparecen en cada diálogo. Luego oye los diálogos y comprueba tus respuestas.

Ejemplo: *Diálogo 1: Despiértate... duerme un poco más...*

vete tranquila...   despiértate...

duchaos y vestíos...

jueguen a pasar la pelota...

siéntense...   mire...

diga...   lávate los dientes...

haz este ejercicio...   sal a la pizarra...

levántate y vístete...   siéntate...

preparaos para salir...

duerme un poco más...   mira...

oiga...   coja el autobús 49...

cojan la pelota...

baje en la última parada...

venid a desayunar...

10. ¿Qué verbo es?

Indica a cuál de los siguientes verbos pertenece cada una de las formas de imperativo del ejercicio anterior: *bajar, coger, decir, despertarse, dormir, ducharse, hacer, irse, jugar, lavarse, levantarse, mirar, oír, prepararse, salir, sentarse, venir, vestirse.*

Ejemplo: *vete* ➡ *verbo irse*
despiértate ➡ *verbo despertarse*

11. ¿Qué dicen?

Observa las viñetas. ¿Qué están diciendo? Usa las siguientes expresiones: *coger el autobús 53, ducharse ahora mismo, escribir tu nombre, mirar, ordenar estos papeles, sentarse aquí, venir por aquí, volver antes de las nueve.* Pon el verbo en la forma adecuada.

Ejemplo: *1. Duchaos ahora mismo.*

12. Practica

Inventa con tu compañero dos diálogos en los que una persona dé instrucciones a otra. Luego represéntalos.

13. Observa y lee

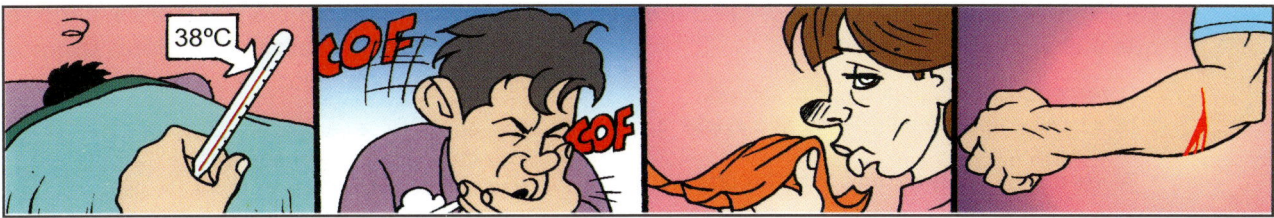

Está enfermo. Tiene fiebre.

Tiene tos.

Está resfriada.

Tiene una herida en el brazo.

– Me duelen los oídos.
– Pues... si te duelen los oídos, tienes que poner la música más baja.

– ¡Uf! Me duele el estómago.
– Si te duele el estómago, debes comer más sano.

– Tengo dolor de garganta. ¿Qué puedo tomar?
– Si le duele la garganta, tome estas pastillas.

– ¡Uy, uy! Me duele un tobillo.
– A ver... Si te duele mucho, hay que llamar al médico.

– Mamá, nos duele la cabeza.
– Si os duele la cabeza, tomad una aspirina.

– ¡Ay, qué dolor de muelas! ¿Qué hago?
– Si te duelen las muelas, ¿por qué no vas al dentista?

14. ¿Verdadero o falso? [19]

Escucha el diálogo. Indica si las siguientes frases son verdaderas o falsas.

1. Manuel está resfriado.
2. Tiene fiebre.
3. No tiene tos.
4. Tiene gripe.
5. Puede salir de casa.
6. Tiene que quedarse en cama unos días.
7. Debe comer sano.
8. Debe tomar mucha agua.
9. Tiene que tomar una aspirina cada ocho horas.
10. Debe tomar la aspirina antes de las comidas.
11. Tiene que tomar un jarabe para la barriga.
12. El lunes Manuel debe volver a ver al médico.

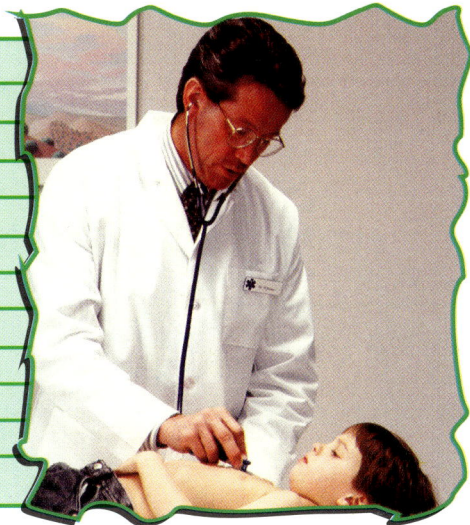

15. Observa y practica

¿Recuerdas cómo se usa el verbo *gustar*?

(A mí) **me**	
(A ti) **te**	
(A él/ella) **le**	
(A nosotros/-as) **nos**	} gust**a** el fútbol.
(A vosotros/-as) **os**	gust**an** los deporte**s**.
(A ellos/-as) **les**	

Fíjate cómo el verbo *doler* se usa de la misma forma:

(A mí) **me**	
(A ti) **te**	
(A él/ella) **le**	
(A nosotros/-as) **nos**	} duel**e** la barriga.
(A vosotros/-as) **os**	duel**en** los pie**s**.
(A ellos/-as) **les**	

16. Observa y practica

- Para indicar obligación, usamos *deber* o *tener que* y el verbo en infinitivo:

> Debes escuchar a la profesora con atención.
> Esta tarde no puedo salir. Tengo que ayudar a mi madre.
> Tenéis que hacer los deberes todos los días.

- Si la obligación es general o impersonal (no se dice quién debe realizar la acción), usamos *hay que* y el infinitivo:

> Hay que decir la verdad.
> Hay que portarse bien en clase.
> Hay que hacer los deberes todos los días.

- Para expresar una condición, se usa la conjunción *si*.

> Si quieres, podemos comer una pizza.
> Si no entiendes, pregunta a tu profesor.

17. Relaciona

Para ser jugador de baloncesto, ...	... no debes hacer gimnasia.
Si tiene tos, ...	... tome este jarabe.
Para hablar bien español ...	... tenéis que ir al colegio.
Si tienen fiebre, ...	... tienes que ir a Granada.
Si os duele el estómago, ...	... ¿por qué no vas al dentista?
Si te duele el brazo, ...	... ¿hay que ser muy alto?
Para conocer la Alhambra ...	... ¿por qué no jugáis con nosotros?
Si estáis bien, ...	... hay que estudiar bien las palabras nuevas.
Si te duelen las muelas, ...	... debéis comer más sano.
Si os gusta el fútbol, ...	... deben tomar una aspirina.

18. Lee y discute con tus compañeros

Una vida sana

Si deseas disfrutar de una vida sana, debes cuidarte. Para ello, te ofrecemos algunos consejos sencillos

1. Realiza una dieta equilibrada.
Tu cuerpo necesita distintos tipos de alimentos. Si quieres comer bien, come un poco de todo. No debes olvidar los cereales, las frutas y verduras frescas, las legumbres y el pescado. No hay que abusar de los dulces, ni de las grasas de origen animal. ¡En la variedad está el gusto!

2. Observa un horario regular de comidas.
Es bueno intentar comer todos los días a la misma hora. Evita comer entre horas. Al estómago no le gustan las sorpresas.

3. Desayuna adecuadamente.
El desayuno es una comida importante: debe darte energía para funcionar durante toda la mañana.

4. Bebe agua y zumos frescos.
El agua es una bebida muy sana. Los zumos frescos de frutas también: contienen vitaminas. En cambio, no debes abusar de los refrescos, especialmente los que contienen gas, azúcar o cafeína.

5. Evita las sustancias estimulantes.
El café, el tabaco, el alcohol y otras drogas son perjudiciales para la salud. Además, crean dependencia.

6. Desarrolla hábitos de estudio adecuados.
Tienes que trabajar en una postura cómoda. Asegúrate de que la luz es suficiente.

7. Practica deportes.
Para estar sano, tienes que hacer ejercicio regularmente. Media hora de ejercicio todos los días, preferiblemente al aire libre, te ayudará a estar siempre en forma.

8. Disfruta de tu tiempo libre y de tus amigos.
No todo debe ser trabajo y estudio. También debemos descansar y divertirnos. Juega con tus amigos. La risa, la diversión y la compañía también son fuentes de salud.

9. Sé limpio.
La higiene es la mejor compañera de la salud. Mantén(*) tu cuerpo limpio. Y recuerda cepillarte los dientes después de cada comida.

10. Duerme bien.
Duerme al menos ocho horas diarias. Ten(*) un horario de sueño regular. Durante el sueño, el cuerpo y la mente descansan y recuperan la energía que necesitan.

(*) *Ten, mantén*: Son formas de imperativo irregulares de los verbos *tener* y *mantener* respectivamente.

¿Cuáles de estos consejos te parecen más importantes? Discútelo con tus compañeros.

19. Busca

Encuentra en el texto frases que expresen:

1. obligación con *deber* + infinitivo;
2. obligación con *tener que* + infinitivo;
3. obligación con *hay que* + infinitivo;
4. condición.

20. Escribe

Observa la siguiente lista de cosas que podemos hacer para estudiar mejor. Selecciona las que te parezcan útiles, añade otras que se te ocurran y úsalas para escribir consejos para tus compañeros. Usa frases en imperativo y también las expresiones vistas en la página anterior para expresar obligación y condición.

Ejemplo: *Debéis sentaros en un lugar con suficiente luz. Si estáis cansados, descansad un rato...*

☐	sentarse en un lugar con suficiente luz	☐	estudiar en un lugar tranquilo
☐	descansar un rato	☐	consultar una enciclopedia
☐	trabajar en un sitio cómodo	☐	buscar información en Internet
☐	pedir ayuda a un compañero	☐	repetir los ejercicios que están mal
☐	trabajar en grupo	☐	memorizar las palabras nuevas
☐	buscar las palabras nuevas en el diccionario	☐	preguntar al profesor

21. Juega

Juega con tus compañeros al *Juego de la salud*. Tu profesor te explicará cómo.

22. Lee y conversa

Lee el siguiente texto. ¿Conoces otros remedios naturales contra el resfriado? ¿Y contra otros problemas de salud? ¿Qué remedios caseros o tradicionales se usan en tu país? ¿Y en los países de tus compañeros?

Remedios naturales

Gracias a los avances de la ciencia moderna, existen hoy en día numerosas medicinas que podemos comprar en cualquier farmacia y que nos ayudan cuando estamos enfermos o no nos encontramos bien. Pero también hay muchos remedios tradicionales, que también son muy eficaces. Las personas mayores conocen bien muchos de estos remedios. Doña Eulalia, una vecina de Monteagudo, habla de algunos para nuestro periódico escolar.

▶ Doña Eulalia, ¿conoce usted un buen remedio para el resfriado?

▷ ¡Hombre, pues claro...! Para el resfriado hay muchos remedios excelentes. Yo, cuando estoy resfriada, me tomo un diente de ajo bien machacado y disuelto en un vaso de agua con un poco de miel y zumo de limón.

▶ ¿Y eso está bueno, Doña Eulalia?

▷ ¿Bueno? ¡No, hijo mío, qué va...! Sabe fatal. Pero eso sí: te cura el resfriado. Otra cosa que da muy buen resultado es respirar los vapores de un tazón de agua hirviendo con hojas de eucalipto. Te quedas como nueva.

▶ Como las pastillas de eucalipto, ¿no?

▷ Eso es, como las pastillas, que también son buenas para el catarro. Hay personas que toman un vaso de leche caliente con coñá, pero a mí el alcohol me sienta muy mal.

▶ ¿Y qué tal las aspirinas, Doña Eulalia?

▷ Sí, sí, por supuesto... Las aspirinas para el resfriado van muy bien. Pero yo prefiero los remedios naturales.

Unidad 8

- **Expresar frecuencia**

> siempre
> de vez en cuando
> nunca

> todos los días
> dos veces al mes
> cada dos años

> *Es inteligente, sociable, prudente... desordenado/a, aburrido/a, grosero/a...*

> No vuelvas tarde.

> Por favor, no hablen tan alto.

- **Describir a personas (carácter)**

- **El imperativo (negación)**

- **Deletrear**

- **La casa**

- **Números cardinales a partir de 1000**

> A de América, B de Barcelona...

Y al final de esta unidad...

Un mundo de todos: Viviendas del mundo

Busca información sobre las viviendas típicas de distintos países. Consigue fotografías, dibujos o planos. Observa cómo están hechas y de qué materiales. Comenta por qué son así (por el clima, por el estilo de vida, por los materiales que son más abundantes en la zona, etc.).

Antes de empezar

1. ¿Qué sabes decir?

2. Relaciona y lee

Relaciona las siguientes cantidades con los números que aparecen en los diálogos.

- mil diez
- ciento cuarenta y nueve millones
- tres mil seiscientos
- doscientos mil millones
- un millón ciento veintitrés mil
- dos mil cuatro
- seiscientos ochenta y cinco mil
- noventa y dos mil
- ocho mil setecientos diez
- cuarenta millones

1. ¿Cuántos alumnos hay en este instituto?
Exactamente 1.010.

2. ¿En qué año llegaste a España?
En el 2004.

3. ¿Cuántos segundos hay en una hora?
A ver: 60 x 60... 3.600 segundos.

4. ¿Cuánto vale ese coche?
8.710 €, señora.

5. ¿Cuántos kilómetros tiene tu coche?
Unos 92.000.

6. ¿Cuántos habitantes tiene Sevilla capital?
Más o menos 685.000.

7. ¿Cuántas personas viven en Vizcaya?
Aproximadamente 1.123.000.

8. ¿Cuál es la población de España?
Según el último censo, más de 40.000.000.

9. ¿Qué distancia hay de la Tierra al Sol?
Unos 149.000.000 km.

10. ¿Cuántas estrellas hay en la Vía Láctea?
Aproximadamente 200.000.000.000.

3. Observa

exactamente ←→ aproximadamente
unos 92.000 = aproximadamente 92.000 = más o menos 92.000

600 km:	seiscientos kilómetros	60.000 hab.:	sesenta mil habitantes
92.000 km:	noventa y dos mil kilómetros	685.000 hab.:	seiscientos ochenta y cinco mil habitantes
149.000.000 km:	ciento cuarenta y nueve millones de kilómetros	40.000.000 hab.:	cuarenta millones de habitantes

Pero...

149.600.000 km:	ciento cuarenta y nueve millones seiscientos mil kilómetros	1.123.000 hab.:	un millón ciento veintitrés mil habitantes

4. Observa y practica

Fíjate en esta forma de deletrear en español:

► ¿Cómo se llama, por favor?

▷ Abdel.

► ¿Podría deletrearlo?

▷ Sí, claro. A de América... B de Barcelona... D de Dinamarca... E de España... L de Lisboa.

Practica con tus compañeros a deletrear tu nombre y otras palabras.

A	América	J	Jaén	Q	queso
B	Barcelona	K	kilo	R	Roma
C	Córdoba	L	Lisboa	S	Sevilla
Ch	China	Ll	Lluvia	T	Toledo
D	Dinamarca	M	Madrid	U	Uruguay
E	España	N	Navarra	V	Valencia
F	Francia	Ñ	ñu	W	whisky
G	Gerona	O	Oviedo	X	xilófono
H	Huelva	P	Pamplona	Y	Yemen
I	Italia			Z	Zaragoza

5. Observa

Fíjate en estas expresiones. Indican con qué frecuencia ocurre algo.

¿Cón qué frecuencia...? ¿Cada cuánto...?	1	2	3	4	5	6	**7**	8	9	10	11	12	13	**14**	15	16	17	18	19	20	**21**	22	23	24	25	26	27	**28**	29	30
siempre / todos los días	✓	✓	✓	✓	✓	✓	✓	✓	✓	✓	✓	✓	✓	✓	✓	✓	✓	✓	✓	✓	✓	✓	✓	✓	✓	✓	✓	✓	✓	✓
casi siempre / casi todos los días	✓	✓	✓	✓		✓	✓			✓	✓		✓	✓	✓	✓	✓	✓	✓	✓	✓	✓	✓	✓	✓	✓	✓	✓	✓	
muy a menudo / cada dos por tres	✓		✓		✓	✓	✓				✓	✓		✓		✓	✓		✓	✓	✓	✓	✓	✓				✓	✓	✓
a menudo			✓		✓		✓	✓		✓		✓	✓			✓	✓	✓	✓			✓	✓		✓	✓	✓	✓		✓
a veces / de vez en cuando					✓	✓		✓	✓		✓		✓		✓							✓		✓						
alguna vez			✓										✓	✓												✓				
casi nunca / muy de vez en cuando								✓																						
nunca																														

	1	2	3	4	5	6	7	8	9	10	11	12	13	14	15	16	17	18	19	20	21	22	23	24	25	26	27	28	29	30
cada tres días			✓			✓			✓			✓		✓			✓			✓			✓			✓		✓		
cada cinco días	✓					✓					✓				✓					✓	✓					✓				
cada dos semanas	✓													✓																✓
una vez a la semana (1)	✓									✓							✓							✓						
tres veces a la semana (3)	✓		✓		✓			✓	✓				✓			✓	✓		✓		✓		✓	✓						
dos veces al mes (2)											✓																			✓

6. Escucha [20]

Sergio está haciendo una encuesta sobre los hábitos de los chicos de su instituto. Escucha las respuestas de Marisol y completa el esquema.

	siempre todos los días	a menudo	a veces de vez en cuando	alguna vez	casi nunca muy de vez en cuando	nunca	todas las semanas	...... veces a la semana	cada ..... semanas	...... veces al mes	cada ..... meses	...... veces al año
desayunar en la cafetería a media mañana		X										
bocadillo												
cruasán												
churros												
comer en casa a mediodía												
cenar en una pizzería o en un chino												
salir de bares por la noche												
ir al cine												
ir al teatro												

7. Observa y practica

Observa estas expresiones usadas para hablar de las actividades de tiempo libre. ¿Comprendes qué significan?

¿Qué haces en tu tiempo libre?

Salgo por ahí.
Quedo con mis amigos.
Me quedo en casa.
Escucho música.
Leo.
Pinto.

Voy	al parque.
	al cine.
	al teatro.
	a un concierto.
	a la discoteca.
	al gimnasio.
	a la piscina.
	a la biblioteca.
	a la playa.
	a casa de...
	de compras.

Doy un paseo.
Doy una vuelta.
Corro.
Monto en bicicleta.
Hago ejercicio.
Hago deporte.
Juego al fútbol.
Juego con los amigos.
Veo una película.
Bailo.

— o →

Voy a	dar un paseo.
	dar una vuelta.
	correr.
	montar en bicicleta.
	hacer ejercicio.
	hacer deporte.
	jugar al fútbol.
	jugar con los amigos.
	ver una película.
	bailar.
	tomar algo.
	comer algo.

8. Conversa

Habla con tus compañeros. ¿Qué hacéis en vuestro tiempo libre? Usa expresiones de frecuencia. Ejemplo:

▶ *¿Qué haces en tu tiempo libre? ¿Juegas al fútbol?*
▷ *Sí, juego al fútbol todos los domingos. Y voy al gimnasio casi todos los días.*
▶ *¿Y los sábados?*
▷ *Casi siempre quedo con mis amigos y vamos a dar una vuelta. A veces me quedo en casa y leo...*

9. Adivina

Uno de tus compañeros representa con mímica una actividad de tiempo libre. Adivina cuál.

10. Escucha [21]

Escucha lo que dicen Eva y Cristina sobre los chicos que les gustan. Luego di qué frases son verdaderas o falsas.

1. Para Cristina, José Ramón es guapo y simpático.	5. Según Eva, Horacio es muy majo.
2. A Cristina le gusta Pedro.	6. A Eva no le gusta en especial ningún chico de su clase.
3. A Cristina le gustan los chicos tranquilos y amables.	7. A Eva no le gusta nada Ricardo.
4. A Cristina le gusta mucho Horacio.	8. Eva y Ricardo son novios.

11. Observa

Fíjate en estas expresiones.

Luis y Pilar salen juntos.
Se gustan.

Miguel y Nuria son novios.
Son pareja. Se quieren.
Están enamorados.

Andrés y Rosa viven juntos.
Son pareja. Se quieren.

Óscar y Josefina están
casados. Se quieren mucho.

12. Lee

Lee la carta de Adolfo a su amigo Pedro. Luego contesta las preguntas.

Almería, 28 de mayo de 2005

Querido Pedro:

¿Cómo estás? Espero que bien. Te escribo para contarte las novedades de mi vida en España. Y es que no te lo vas a creer: ¡me caso! Sí, chico, ya ves...

Ella se llama Mónica. Es una chica encantadora: alegre, divertida, inteligente, culta y, por supuesto, guapísima. Le gusta leer, viajar, salir con los amigos, divertirse, ir a bailar. También es muy amable con todo el mundo: siempre se interesa por los demás. Además, es muy elegante: va siempre muy bien vestida y arreglada. Tiene muy buen gusto. En resumidas cuentas, es la mujer más agradable y atractiva del mundo. Ya ves: estoy completamente enamorado.

Imagínate al principio, yo, que soy tan nervioso y tímido con las mujeres... ¡Qué nervios! Pero ahora ya nos conocemos bien y nos queremos mucho.

Bueno, nos casamos el 12 de julio. ¿Te vienes a la boda? Nos casamos por la iglesia. Ya sabes que yo no soy muy religioso, pero a ella le hace mucha ilusión. Así que habrá una ceremonia religiosa y luego un banquete con toda la familia y los amigos de los dos. Ella se está preparando un traje de novia muy bonito. Después nos vamos unos días a Egipto de luna de miel.

Bueno, Pedro, te mando un gran abrazo. Saludos a tu familia.

Tu amigo,
Adolfo

13. Busca

Encuentra en la carta de la actividad anterior las palabras o expresiones que significan lo siguiente:
1. cosas nuevas (párrafo 1) ___novedades___
2. fiesta de casamiento (párrafo 4) ....
3. comida con muchas personas para celebrar algo (párrafo 4) ....
4. viaje que hacen los novios después del casamiento (párrafo 4) ....

14. Relaciona

Estos adjetivos se usan para hablar del carácter de las personas. ¿Sabes qué significan? Relaciona cada uno con su contrario y escribe expresiones como en el ejemplo. Usa tu diccionario.

Ejemplo: *un chico amable, una chica amable* ⟷ *un chico grosero, una chica grosera*

amable — agradable — pacífico, -a — inteligente — divertido, -a — culto, -a — cuidadoso, -a — alegre — ordenado, -a — prudente — sincero, -a — hábil

triste — **grosero, -a** — desordenado, -a — torpe — violento, -a — descuidado, -a — aburrido, -a — desagradable — tonto, -a — imprudente — inculto, -a — mentiroso, -a

15. Escucha [22]

Escucha lo que dicen Amelia y Roberto. Luego contesta estas preguntas:

1. ¿Amelia cree en la astrología?
2. ¿Y Roberto?
3. ¿De qué signo del zodiaco es Roberto?
4. ¿Cuándo es el cumpleaños de Roberto?
5. ¿Y Amelia? ¿De qué signo es?

16. Conversa

Observa el esquema. Averigua de qué signo del zodiaco son tus compañeros. ¿Crees que su carácter se parece al que corresponde a cada signo? Habla con ellos.

Ejemplo:
▶ *¿Cuándo es tu cumpleaños?*
▷ *El 27 de octubre.*
▶ *¿De qué signo eres?*
▷ *Soy escorpio.*
▶ *Aquí dice que eres una persona apasionada, curiosa, intuitiva... ¿Es verdad?*
▷ *Bueno, sí, soy bastante curioso, me gusta aprender cosas nuevas... y bastante intuitivo. Pero apasionado, no sé... yo soy muy tranquilo.*

Signo	Fecha de nacimiento	Carácter
Aries	21 de marzo al 19 de abril	valiente activo a veces violento
Tauro	20 de abril al 20 de mayo	paciente hábil romántico tenaz
Géminis	21 de mayo al 20 de junio	curioso inteligente sociable divertido
Cáncer	21 de junio al 21 de julio	imaginativo sensible amable
Leo	22 de julio al 22 de agosto	generoso sincero optimista sociable
Virgo	23 de agosto al 22 de septiembre	trabajador responsable amable
Libra	23 de septiembre al 22 de octubre	amable inteligente romántico
Escorpio	23 de octubre al 21 de noviembre	apasionado tenaz curioso intuitivo
Sagitario	22 de noviembre al 21 de diciembre	sincero optimista estudioso
Capricornio	22 de diciembre al 19 de enero	maduro trabajador ordenado
Acuario	20 de enero al 18 de febrero	original moderno independiente
Piscis	19 de febrero al 20 de marzo	emotivo sensible imaginativo indeciso

17. Adivina

Un compañero describe el carácter de un personaje conocido. Los otros tenéis que adivinar quién es.

18. Escribe

Describe el físico y el carácter de un compañero o compañera.

19. Lee y observa

Lee las siguientes frases.

Usted	Ustedes	Tú	Vosotros
No hable mucho rato con el enfermo. Se cansa mucho.	No hablen durante la grabación.	No hables con la boca llena. Es de mala educación.	No habléis tan alto. La niña está durmiendo.
No coma tantas grasas. No es bueno para usted.	No coman siempre lo mismo. Es mejor una dieta variada.	No comas tantas chucherías. No es bueno para la salud.	No comáis eso. Es para vuestro padre.
No escriba su número secreto en la tarjeta.	No escriban su dirección; solo sus nombres y apellidos.	No escribas las respuestas; escribe solo las preguntas.	No escribáis en las mesas. Hay que cuidar el material escolar.

Observa: ¿Cómo se forma la negación en el imperativo?

Con "usted" y "ustedes", ¿se usan las mismas formas que en la afirmación o formas diferentes?

> Hable más despacio. No le entiendo.
> No hable tan rápido. No le entiendo.
> Coma alimentos sanos.
> No coma tantas grasas.
> Escriban sus nombres y apellidos.
> No escriban su dirección.

¿Y con "tú" y "vosotros"? ¿Se usan las mismas formas o formas diferentes?

> Habla más despacio. No te entiendo.
> No hables tan rápido. No te entiendo.
> Come alimentos sanos.
> No comas tantas grasas.
> Escribid vuestros nombres y apellidos.
> No escribáis vuestra dirección.

Verbos regulares			e → ie	o → ue	e → i	u → ue	-g-
hablar	comer	escribir	empezar	volver	pedir	jugar	salir
habla	come	escribe	empieza	vuelve	pide	juega	sal
no hables	no comas	no escribas	no empieces	no vuelvas	no pidas	no juegues	no salgas
hablad	comed	escribid	empezad	volved	pedid	jugad	salid
no habléis	no comáis	no escribáis	no empecéis	no volváis	no pidáis	no juguéis	no salgáis

Atención:

Z + A, O, U → C + E, I	empezar	Empieza ya. No empieces todavía. Empezad ya. No empecéis todavía. (No) empiece. (No) empiecen.
C + A, O, U → QU + E, I	tocar	Toca el piano. No toques la guitarra. Tocad el piano. No toquéis la guitarra. (No) toque el timbre. (No) toquen el timbre.
G + A, O, U → GU + E, I	llegar	Llega temprano. No llegues tarde. Llegad temprano. No lleguéis tarde. (No) llegue más tarde. (No) lleguen más tarde.
G + E, I → J + A, O, U	coger	Coge el tren. No cojas el autobús. Coged el tren. No cojáis el autobús. (No) coja esto. (No) cojan esto.

20. Practica y juega

a. Forma frases imperativas afirmativas usando las palabras indicadas entre paréntesis.

Ejemplos:
Por favor, no salgan ahora. (más tarde) → *Por favor, salgan más tarde.*
No juguéis en clase. (en el recreo) → *Jugad en el recreo.*

1. Por favor, no empiece todavía. (más tarde)
2. No llame por la mañana. (por la tarde)
3. No os acostéis tarde. (temprano)
4. Por favor, no naden aquí. (allí)
5. No cojas el autobús 71. (el 24)
6. No miréis esa película. (este programa)
7. Por favor, no llegues tarde. (temprano)
8. No sean imprudentes. (prudentes)
9. No leáis en voz alta. (en silencio)
10. No vuelvas tarde. (antes de las diez)

b. Ahora juega con tus compañeros. Cada uno prepara un letrero con cosas que no debéis hacer. Quien las haga pierde un punto. Ejemplos: No os sentéis. No miréis a la pizarra. No levantéis la mano. No digáis la palabra "sí".

21. Lee, encuentra y escribe

Lee el siguiente diálogo telefónico. Señala en el plano las partes de la casa y los objetos cuyos nombres aparecen coloreados. Luego puedes copiar el plano en tu cuaderno y escribir esos nombres donde corresponda.

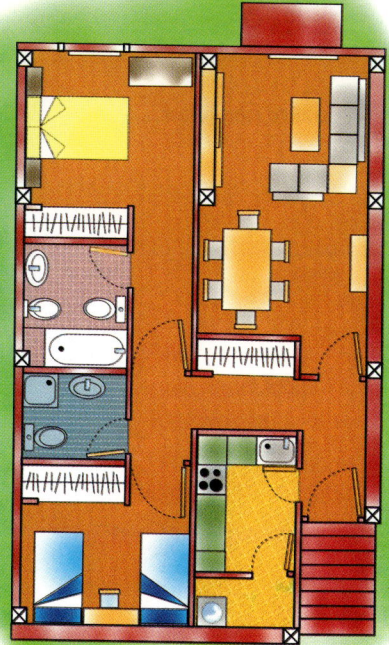

► Buenos días. Llamo por un anuncio de un piso que alquilan en la calle de San Vicente. ¿Podría informarme de cómo es el piso?

▷ Sí, claro, con mucho gusto. Es un piso casi nuevo. Tiene solo 5 años y está en muy buen estado...

► ¿Qué superficie tiene?

▷ 90 m². Tiene un salón-comedor bastante amplio, de 25 m², dos dormitorios, un cuarto de baño completo, un aseo y la cocina. Al entrar en el piso, hay un **recibidor** de 4 m². A la izquierda está la **cocina**, equipada con nevera, **cocina vitrocerámica** y **fregadero**. La cocina no es muy grande, pero al lado tiene un cuarto que sirve de **lavadero**, donde está la **lavadora**. En el **salón-comedor** hay una **mesa de comedor** y un pequeño **aparador** en la pared de la derecha. También hay un **sofá de tres plazas** y otro **sofá de dos plazas**, con su **mesita** en el centro y una **mesita auxiliar**. Frente a los sofás hay un **mueble-librería**, donde está el **televisor**. El salón tiene un **balcón** que da a la calle.

► ¿Y los dormitorios cómo son?

▷ El **dormitorio principal** tiene una **cama de matrimonio** con sus dos **mesillas** y una **cómoda** junto a la ventana. El otro dormitorio tiene dos **camas individuales** y una pequeña **mesa de estudio**. Hay **armarios empotrados** en los dormitorios y en el **pasillo**.

► ¿Y los baños?

▷ El **cuarto de baño** es bastante amplio. Tiene **lavabo**, **váter**, **bañera** y **bidé**. El **aseo** tiene lavabo, váter y **ducha**.

► ¿Y cuánto piden de alquiler?

▷ 450 €.

► Bueno, es un poco caro para lo que estamos buscando, pero me gustaría verlo. ¿Cuándo podemos ir?

▷ Cuando quieran. ¿Les va bien esta tarde?

22. Juega

Vamos a jugar al *Juego de la casa mágica*. Tu profesor te explicará cómo.

Aquí y allá

23. Conversa

Trabajando en parejas o en grupos pequeños, cuenta cómo son la casa donde vives y la última casa donde viviste en tu país de origen. ¿Qué ventajas (cosas buenas) e inconvenientes (cosas malas) tiene cada una? ¿Cuál te gusta más?

24. Lee y conversa

Lee el texto. Si es necesario, busca las palabras que no comprendas en el diccionario. Luego conversa con tus compañeros. ¿Cómo es en vuestros países de origen? ¿A qué edad se casa la gente? ¿Cuántos hijos tienen? ¿Existen distintos tipos de familia?

¿A qué edad se casan los españoles? Según datos del Instituto Nacional de Estadística, los hombres se casan a los 30 años, por término medio, y las mujeres a los 28. La edad media de las mujeres españolas en el momento de nacer su primer hijo es de 29 años. El número medio de hijos por mujer es de 1,256.

Esto significa que los españoles se casan más tarde y tienen menos hijos que los ciudadanos de muchos otros países. La inmigración ayuda a hacer mayor el número de nacimientos: un porcentaje importante de niños nacen de madres y padres inmigrantes.

En España existen distintos tipos de familias. Además de la familia tradicional, formada por un matrimonio con hijos, muchas personas viven solas. También hay muchas parejas de hecho, formadas por un hombre y una mujer que no están casados, o bien por dos personas del mismo sexo. Y muchos matrimonios y parejas de hecho no tienen hijos. Por otro lado, existe un importante número de familias monoparentales, es decir formadas por los hijos y uno solo de los padres (en la mayoría de los casos, la madre).

En esta unidad...

unos cuantos pimientos, algunas manzanas, ningún plátano

mucha agua, bastante queso, poca sopa

lo, la, los, las

• **Comparativos y super-lativos**

Este/a es más grande. Es grandísimo/a.

• **Cuantificadores indefinidos**

• **Pronombres de objeto directo (I)**

• **Unidades de medida**

• **La compra**

Porque... Es que...

¿Por qué...? ¿Cómo es que...?

• **Números partitivos y porcentajes**

• **Expresar causa y dar explicaciones**

Y al final de esta unidad...

Un mundo de todos: Monedas y sellos del mundo

Elige un país. Averigua qué moneda se usa en él. Y en España, ¿qué moneda se usa? ¿En qué otros países es moneda oficial? Consigue fotografías o ejemplares auténticos de monedas, billetes y sellos de ese país y compáralos con los que encuentren tus compañeros.

Antes de empezar

1. ¿Qué sabes decir?

¿Sabes qué expresiones se usan al hacer la compra? ¿Y para expresar pesos y medidas? ¿Y para expresar fracciones como 1/2, 1/4, etc.?

2. Relaciona

Relaciona cada frase con la imagen a la cual corresponde.

A) Ahora peso 65 kg.

B) Aquí hay 20 cl de agua.

C) En las casas españolas se consumen unos 50 m³ de agua al año.

D) Mide* 20 m².

E) Los folios miden 21 cm de ancho por 29,7 cm de largo.

F) Deme 200 g, por favor.

G) Tiene unos 500.000 km² de superficie.

H) Mide 15 m de altura.

I) Contiene 1 l.

* Observa. El verbo *medir* se conjuga como *repetir, vestir* y *pedir*:
m**i**do, m**i**des, m**i**de, medimos, medís, m**i**den.

3. Relaciona y escribe

Relaciona los siguientes nombres de unidades de medida con los símblos que las representan (los encontrarás en las frases del ejercicio anterior). Luego copia la lista en tu cuaderno y escribe entre paréntesis los símbolos correspondientes.

metros (m)
centímetros
metros cuadrados
kilómetros cuadrados
metros cúbicos
litros
centilitros
gramos
kilogramos

4. **Lee**

El Sistema Internacional de Unidades

El Sistema Internacional de Unidades (SI), vigente en la Unión Europea, es de uso obligatorio en todo el territorio del Estado español. A continuación se indican algunas de las unidades de uso más corriente.

Magnitud	Unidad	
	Nombre	Símbolo
Longitud	metro	m
Masa	kilogramo	kg
Tiempo	segundo	s

Magnitud	Unidad	
	Nombre	Símbolo
Superficie	metro cuadrado	m^2
Volumen	metro cúbico	m^3
Velocidad	metro por segundo	m/s

Además, el SI define prefijos que actúan como múltiplos y submúltiplos para crear nuevas unidades. Los prefijos de uso más frecuente son los indicados en la siguiente tabla.

Prefijos que actúan como múltiplos		
Prefijo	Símbolo	Significado
deca	da	x 10
hecto	h	x 100
kilo	k	x 1.000
mega	M	x 1.000.000
giga	G	x 1.000.000.000

Prefijos que actúan como submúltiplos		
Prefijo	Símbolo	Significado
deci	d	:10
centi	c	:100
mili	m	:1.000
micro	μ	:1.000.000
nano	n	:1.000.000.000

Así, por ejemplo, un decámetro[1] (dam) equivale a 10 metros (m), un hectómetro (hm) a 100 y un kilómetro a 1.000, mientras que un metro (m) equivale a 10 decímetros (dm), 100 centímetros (cm) o 1.000 milímetros (mm).

5. **Relaciona**

Relaciona las siguientes palabras del texto con sus significados.

1) vigente
2) territorio
3) Estado español
4) a continuación
5) corriente
6) tabla

a) España
b) que se usa actualmente
c) después de esto
d) cuadro
e) común, frecuente
f) parte de la superficie de la Tierra que pertenece a un país, provincia, etc.

6. **Relaciona**

Busca pares de cantidades equivalentes y escríbelos en tu cuaderno. Luego escríbelos de nuevo en letras como en el ejemplo.

5 dm   6.000 μs   20 cm   3 km
8 kg   6 ms   2 l   2 dm   9 dam
20 dl   2.000 mg   60 ml   30 hm   6 cl   8.000 g
9 hl   500 mm   90 m   900 l   4.000 m/s
4 km/s   2 g

Ejemplo: *9 hl = 900 l*
Nueve hectolitros equivalen a novecientos litros

---

1 Observa que, cuando preceden a *metro*, estos prefijos son tónicos (se acentúan): *decámetro, hectómetro, kilómetro, decímetro, centímetro, milímetro,* etc. En cambio, son átonos (no se acentúan) en los restantes casos: *hectolitro, kilogramo, centilitro, milisegundo.*

7. Completa

Completa estas frases con los símbolos adecuados.

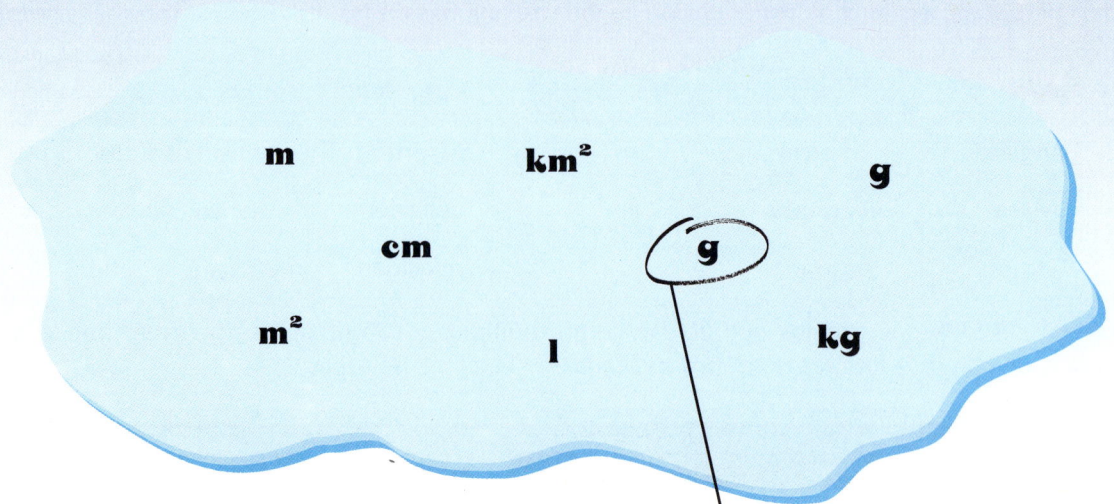

m   km²   g

cm   g

m²   l   kg

a) Para hacer arroz con leche, necesitamos 200 _g_ de arroz, 3 ____ de leche, 400 ____ de azúcar, canela en rama y la corteza de un limón.

b) Es más económico el café en paquetes de 1 ____.

c) Mi piso tiene 65 ____.

d) Galicia tiene 29.575 ____ de superficie.

e) La regla mide 30 ____.

f) El supermercado está muy cerca, a solo 100 ____ de aquí.

8. Habla y calcula

a. Averigua cuánto miden y pesan tus compañeros. Escríbelo en un papel.

Ejemplo: *- ¿Cuánto mides? (o ¿Cuánto pesas?)*
- 1,65 m. ¿Y tú?

b. ¿Sabes calcular la media aritmética? Suma las medidas de todos tus compañeros (y la tuya) y divide el resultado por el número de alumnos. Luego, haz lo mismo con los pesos.

NOMBRE	TALLA	PESO
Rosa	170 cm	60 Kg
Nacho	165 cm	58 Kg

9. Escucha y escribe 🔘 [23]

a. Escucha el diálogo. Luego escribe la lista de la compra que lleva Jaime a la frutería.

Ejemplo: *1 kg de tomates.*
...

b. ¿Sabes cuánto dinero gasta Jaime?

10. Observa

Fíjate en los adjetivos que aparecen en el diálogo en comparaciones. Observa cómo se forman esas comparaciones. ¿Qué adjetivos tienen una forma irregular de comparativo?

Esos tomates están maduros. ➡	Estos están más maduros.
Esas manzanas son baratas. ➡	Estas manzanas son más baratas.
Esas son malas. ➡	Estas son peores.
Esas son grandes. ➡	Estas son más grandes.
Ese melón está bueno. ➡	Pero este está mejor.

11. Observa y deduce

Las palabras coloreadas en estas frases son **pronombres de objeto directo**. ¿Sabes a qué se refieren en cada caso? Completa el cuadro.

Esos tomates están muy verdes. Los quiero más maduros.

¿Que las manzanas cuestan 1,30 €? Pues las veo un poco caras.
¿Le parece bien esta lechuga? La veo un poco fea.
Coja usted mismo el melón que quiera. ¿Lo cojo yo? Vale.

	Sing.	Plural
Masc.		los
Fem.		

12. Conversa y practica

Prepara y representa con tu compañero un diálogo en el que uno hace de vendedor y el otro de cliente. Podéis usar expresiones como las del diálogo anterior, por ejemplo:

¿Qué desea? ¿Qué deseaba? ¿Qué más (quiere)? ¿Algo más? ¿Alguna cosa más?
– Quiero... Quería... Deme... Póngame...
¿Cuánto vale(n)? ¿Cuánto cuesta(n)? ¿Qué precio tiene(n)?
– Vale(n)... Cuesta(n)... ¿Cuántos/as quiere?
¿Cuál quiere? ¿De cuáles? ¿De estos/as?
– Sí, esos/as me valen. No, mejor aquellos/as. Los/las quiero más (maduros).
¿Cuánto es? – Son... €.

13. Juega

Vamos a jugar al *Juego del mercado*. Tu profesor te explicará cómo.

14. Escucha y observa 🔘 [24]

Escucha el diálogo. A veces usamos los adjetivos en forma superlativa (terminaciones *-ísimo, ísima, -ísimos, -ísimas*):

buenísimo(s) = muy bueno(s)   malísimo(s) = muy malo(s)   carísimo(s) = muy caro(s)   grandísimo(s), grandísima(s)
buenísima(s) = muy buena(s)   malísima(s) = muy mala(s)   carísima(s) = muy cara(s)   = muy grande(s), enorme(s)

Lo mismo pasa con algunos adverbios, como lejos ➡ *lejísimos.*

15. Escucha y relaciona [24]

Entre colegas		Lenguaje formal	
alucinado	en el quinto pino	es baratísimo	altísimo
por las nubes	venga ya	pesado	lejísimos
vale un ojo de la cara	pelma	sorprendido	es carísimo
está tirado de precio	quejica	protestón, quejoso	ya vale, ya está bien

16. Lee y observa

Lee el diálogo y fíjate en el significado de las palabras coloreadas.

► Me voy a la compra. Por favor, mira qué tenemos de comer en la nevera.

▷ A ver... Hay bastante carne y un poco de verdura.

► ¿Y pescado?

▷ No, no hay nada de pescado.

► ¿Hay algo para hacer una ensalada?

▷ Sí, una lechuga, varios tomates y algunas cebollas.

► ¿Y pepinos?

▷ No, no hay ninguno.

► ¿Queda sopa?

▷ Sí, queda algo de sopa?

► ¿Hay huevos?

▷ Sí, hay bastantes, como una docena.

► ¿Y para tomar de postre qué tenemos?

▷ Pues hay mucha fruta, mira: unas cuantas manzanas, muchos melocotones, varias naranjas y algunos kiwis.

► ¿Y plátanos?

▷ Sí, también hay algunos... dos o tres.

► ¿Hay yogures?

▷ Sí, hay unos pocos yogures.

► ¿Hay leche?

▷ Sí, pero es poca. Hay que comprar más. También hay poco queso.

► ¿Y refrescos?

▷ Sí, hay unos cuantos.

Con sustantivos contables

muchos melocotones
muchas mandarinas

_____

bastantes huevos
bastantes espinacas

_____

unos cuantos refrescos
unas cuantas manzanas
varios tomates
varias naranjas
algunos plátanos
algunas cebollas
unos pocos yogures
unas pocas fresas

pocos pimientos
pocas zanahorias

_____

ningún pepino
ninguna patata

Con sustantivos no contables

mucho chocolate
mucha fruta

_____

bastante jamón
bastante carne

_____

algo de gazpacho
algo de sopa
un poco de helado
un poco de verdura

poco queso
poca leche

_____

nada de pescado
nada de agua

17. Completa

Observa el dibujo y completa el texto. Usa cuantificadores: *mucho/a(s), bastante(s), unos cuantos/as, varios/as,* etc.

Me gusta la plaza del pueblo porque tiene _____ árboles. Ahora mismo hay _____ gente charlando animadamente en la plaza y también _____ niños jugando junto a la fuente. Además, hay _____ perros y _____ gatos. También hay _____ pájaros. En los balcones hay _____ plantas con flores. En un balcón hay _____ de ropa tendida. En el pueblo hay _____ ruido porque no hay casi _____ de tráfico en las calles. Ahora mismo, no veo _____ coche en la plaza.

18. **Observa**

Fíjate en estas expresiones que se emplean para hablar de la causa de algo.

¿Qué pasa? / ¿Pasa algo?
    ¿Qué te pasa? / ¿Te pasa algo?

Estoy aburrido.
    Es que estoy aburrido.

¿Por qué no vienes hoy a jugar al parque?
¿Cómo es que no vienes hoy a jugar al parque?

Porque no me dejan.
    Es que no me dejan.
        (Es) por mis padres.

¿Por qué?
¿Y eso? / ¿Cómo es eso?

Porque está lloviendo.
    Es que está lloviendo.
        (Es) por la lluvia.

19. **Escucha y completa** [25]

Escucha atentamente la grabación. Intenta completar estas preguntas y respuestas del diálogo.

▶ ¿ [   ] ? ⟶ ▷ [   ] me va muy mal en la clase
▶ Pero... ¿ [   ] ? de Lengua.
▶ ¿ [   ] ? ▷ [   ] saco malas notas.
                                    ▷ [   ] estudio poco.
▶ ¿Y [   ] estudias poco? ⟶ ▷ [   ] no me gusta nada la asignatura.
▶ ¿ [   ] no te gusta la Lengua? ⟶ ▷ [   ] la profesora.
▶ ¡Ahora resulta que la culpa es de la profesora!

20. **Relaciona**

Busca la respuesta que corresponde a cada pregunta. Practica las preguntas y respuestas con un compañero.

¿Por qué no aprendes chino? •
¿Cómo es que Isabel no está hoy en clase? •
¿Por qué estás tan cansado? •
¿Te pasa algo? •
¿Cómo es que te vas hoy tan temprano? •
¿Cómo es que hace tanto frío? •
¿Pasa algo en la clase de Mates? •

• Por dormir poco.
• Es que me duele la cabeza.
• Es que la profesora está enfadada.
• Es que está en su casa enferma.
• Porque tengo que ir a la compra.
• Porque es muy difícil.
• Es por el comienzo del invierno.

21. **Conversa y practica**

Habla con tus compañeros. Haz preguntas como las del ejercicio anterior y contesta a las preguntas que te hagan.

22. Lee

¿En qué gastan el dinero los españoles?

El consumo de bienes y servicios es uno de los factores que definen a una sociedad. Veamos cuáles son, en el caso de la sociedad española, las características de ese consumo. El Instituto Nacional de Estadística (INE) publica trimestralmente una encuesta de presupuestos familiares, que puede resultar muy reveladora al respecto.

Según los últimos datos publicados, un hogar español medio destina el 23%, es decir casi un cuarto, de su presupuesto a la compra de alimentos. Un 12%, casi la octava parte, se dedica a vivienda, agua, electricidad y combustibles. Una cifra similar (otro 12%) se emplea en transportes. El gasto en hoteles, cafés y restaurantes supone casi un 11% de los gastos de un hogar medio, o sea más de la décima parte. La ropa y el calzado se llevan el 9% de nuestro dinero y otro 9% se invierte en ocio, espectáculos y cultura. Los gastos de mobiliario, equipamiento y conservación del hogar constituyen un 6% del total. Otros tres apartados consumen, cada uno, el 3 % del presupuesto; se trata de las comunicaciones, las bebidas alcohólicas y el tabaco y la salud. A la enseñanza se destina menos del 2 %. El 7 % restante corresponde a otros bienes y servicios.

Gastos de un hogar medio (en porcentajes)

23　3　9　12　6　3　12　3　9　2　11　7

- Alimentos
- Ropa y calzado
- Mobiliario, equipamiento y conservación del hogar
- Transportes
- Ocio, espectáculos y cultura
- Hoteles, cafés y restaurantes
- Bebidas alcohólicas y tabaco
- Vivienda, agua, electricidad y combustibles
- Salud
- Comunicaciones
- Enseñanza
- Otros bienes y servicios

23. Relaciona

¿A cuáles de los doce apartados del presupuesto familiar que aparecen en el esquema corresponden estos gastos?

a) una factura del dentista　*Salud*
b) los billetes de autobús
c) la matrícula de la universidad
d) unas entradas de cine
e) la cuenta del teléfono
f) una botella de vino
g) una lámpara para el comedor
h) un desayuno en el bar

i) unas zapatillas de deporte
j) la compra de la frutería
k) el recibo del agua
l) un paquete de cigarrillos
m) un pantalón
n) la entrada a un museo
o) una habitación de hotel para las vacaciones
p) una estantería para el dormitorio

24. Observa

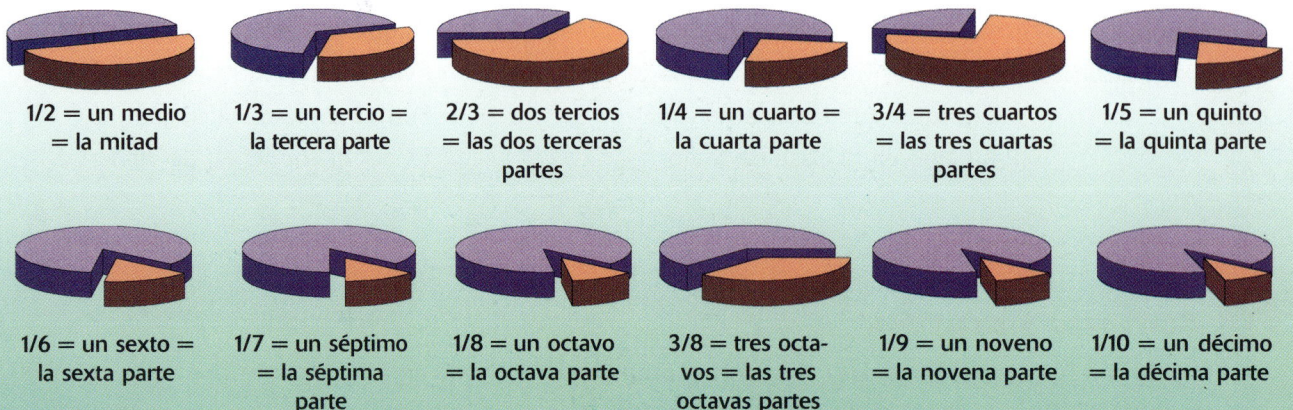

1/2 = un medio = la mitad

1/3 = un tercio = la tercera parte

2/3 = dos tercios = las dos terceras partes

1/4 = un cuarto = la cuarta parte

3/4 = tres cuartos = las tres cuartas partes

1/5 = un quinto = la quinta parte

1/6 = un sexto = la sexta parte

1/7 = un séptimo = la séptima parte

1/8 = un octavo = la octava parte

3/8 = tres octavos = las tres octavas partes

1/9 = un noveno = la novena parte

1/10 = un décimo = la décima parte

25. Lee

Consumidores insatisfechos

Existen en España diversas organizaciones que se ocupan de informar y asesorar a los ciudadanos en relación con sus derechos como consumidores, así como de atender las quejas y reclamaciones presentadas por los consumidores y usuarios de los distintos bienes y servicios. Según un informe del Instituto Nacional del Consumo, durante el año 2003 se formularon, a través de estas organizaciones de consumidores, casi doscientas mil reclamaciones. Pero, ¿cuáles son los principales motivos de descontento? Veamos qué dice el mencionado informe.

"De los datos disponibles, se puede concluir lo siguiente:
- La mayoría de las denuncias están vinculadas a deficiencias en la prestación del servicio, con el 24,4% del total.
- El 13,3% en motivos relacionados con problemas en la facturación o precios.
- La publicidad engañosa ha dado lugar al 12,8% de las reclamaciones tramitadas.
- Los incumplimientos de las condiciones de venta ocupan el cuarto lugar con el 11,7%.
- La existencia de cláusulas abusivas han dado lugar al 7,0% de las reclamaciones.
- El 30,8% por otros motivos."

(Fuente: *Balance de consultas y reclamaciones presentadas en las organizaciones de consumidores.* Instituto Nacional del Consumo)

26. Calcula y relaciona

¿Cuál de las cantidades de reclamaciones indicadas en la columna de la derecha corresponde, según el texto, a cada uno de los motivos señalados en la columna de la izquierda?

1. Precios y cuestiones administrativas •
2. Condiciones inaceptables •
3. Un mal servicio •
4. Incumplimiento de las condiciones de venta •
5. Publicidad fraudulenta •
6. Otras causas •

• a. Casi un tercio.
• b. Casi la cuarta parte.
• c. Casi la séptima parte.
• d. Más de un octavo.
• e. Casi un catorceavo.
• f. Más de la novena parte.

Ejemplo: *Las condiciones inaceptables (cláusulas abusivas) son el motivo de un 7,0% de reclamaciones. Esto equivale a casi un catorceavo (1/14) del total porque 100 : 14 = 7,1.*

Aquí y allá

27. Lee, reflexiona y conversa

Después de leer el texto, piensa si en tu país ocurre igual. Luego, averigua cómo es en los países de tus compañeros.

Rebajas, descuentos, ofertas especiales y regateo

RE BA JAS

Todo al 50%

OFERTA

-20% EN TODOS LOS ARTÍCULOS

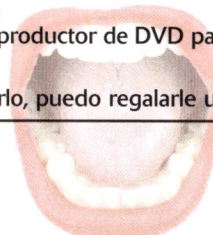

En España, como en otros países, es habitual que muchos artículos puedan comprarse más baratos en determinadas épocas del año. Se trata de las rebajas de fin de temporada. Así, si compramos la ropa de invierno en enero o febrero en lugar de hacerlo antes de que llegue el frío, es posible que cada prenda nos salga mucho más barata.

No es raro encontrar ofertas especiales para algunos artículos. Además, en algunas tiendas, sobre todo en el pequeño comercio de barrio, donde son los propietarios quienes atienden directamente a los clientes, suelen ofrecerse descuentos sobre los precios marcados...

► ¡Hola, Paco! ¿Cuánto cuesta la camisa que tienes en el escaparate?
▷ Buenos días, Don José. Pues vale 17 €, pero se la puedo dejar en 15.

El regateo (la costumbre de discutir el precio hasta alcanzar un acuerdo entre el comprador y el vendedor) es cada vez menos frecuente en España. Sin embargo, sobre todo cuando hacemos compras importantes, no es difícil convencer al vendedor de que incluya, por el mismo precio, algo que no estaba previsto...

► Pues la verdad es que este reproductor de DVD parece muy bueno... Pero me parece un poco caro, ¿no?
▷ Mire... Si se decide a comprarlo, puedo regalarle una película para que lo pruebe.

Unidad 10

• Pedir y dar indicaciones para llegar a un sitio

¿Dónde está la Biblioteca Municipal?

¿Cómo puedo llegar a la Plaza Mayor?

Vaya por esta calle.

he ido, ha llegado, habéis vuelto, han hecho

• El pretérito perfecto

Al llegar al semáforo, tiene que girar a la izquierda.

• Reglas de acentuación (I)

ir a, volver de, entrar en, salir de, pasar por...

• Verbos de movimiento y preposiciones

• La población y el barrio

Y al final de esta unidad...

Un mundo de todos: Ciudades del mundo

Elige una ciudad, un barrio o un pueblo de cualquier país del mundo. Recaba información sobre él (datos, fotografías, etc.). Escribe una breve descripción de ese lugar. Junto con tus compañeros, consigue también información sobre vuestro lugar de residencia actual.

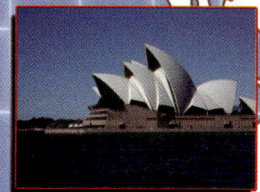

Antes de empezar

1. ¿Qué sabes decir?

¿Sabes qué expresiones se usan para pedir indicaciones de cómo llegar a un lugar? ¿Qué medios de transporte público conoces?

2. Observa y escucha [26]

a) Fíjate en estas expresiones que usamos para pedir y dar indicaciones de cómo llegar a un sitio. ¿Comprendes su significado?

¿Dónde está... ?	Tiene que ir... / Hay que ir... / Vaya... } por esta/esa/aquella calle.
¿Cómo se va a... ?	Cruce la calle.
¿Cómo se puede ir a... ?	Tiene que coger... / Hay que coger... / Coja... } el autobús / el metro.
¿Cómo se llega a... ?	
¿Cómo puedo ir a... ?	Siga todo recto.
¿Cómo puedo llegar a... ?	Cuando llegue a... / Al llegar a... / Después de pasar... } la rotonda, el semáfo-ro, el stop, el taller, el museo, la calle X...
¿Hay algún autobús que vaya a... ?	Tiene que girar... / Gire... / Coja... } a la izquierda / a la derecha.

b) Ahora escucha el diálogo. ¿Cuáles de las expresiones anteriores oyes?

3. Observa y escucha [26]

La cruz del plano señala el punto donde está ahora la señora del diálogo. Escúchalo de nuevo. ¿Sabrías señalar el camino que le han indicado para llegar adonde quiere ir?

4. Habla y practica

Imagina con tu compañero diálogos como el de la actividad anterior. Uno pregunta cómo llegar a algún lugar de los señalados en el plano y el otro le indica el camino. También podéis practicar con un plano del lugar donde vivís.

Ejemplo: *Estamos en la Plaza de la Villa. ¿Cómo se puede ir al Teatro Calderón?*

5. Comunícate

Vamos a jugar al *Juego del barrio*. Tu profesor te dará un plano de un barrio. El plano de tu compañero es parecido, pero hay lugares que no aparecen en los dos. Pregunta a tu compañero y contesta a sus preguntas hasta que podáis completar la información que falta.

6. Escucha y completa 🔘 [27]

Escucha el diálogo y completa lo que dice la madre de Diego con los siguientes verbos de movimiento.

• **llevar**   • **traer**   • **venir**   • **volver**   • **ir**

► ¡Diego! ¿Puedes _____, por favor?

► Necesitamos algunas cosas para la comida. ¿Puedes _____ al súper a buscarlas?

► Hay que _____ una lechuga y media docena de huevos.

► Puedes _____ los diez euros que están sobre la mesa.

► ¿Puedes _____ al súper y comprar una barra de pan?

7. Observa

¿Comprendes el significado de estos verbos de movimiento?

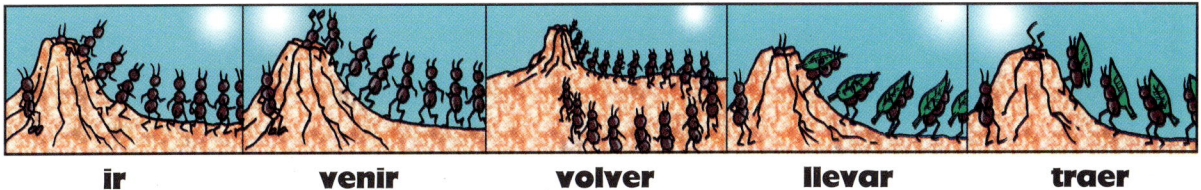

ir   **venir**   **volver**   **llevar**   **traer**

8. Conjuga y completa

Los verbos *ir, venir* y *volver* son irregulares. ¿Recuerdas cómo se conjugan?

a) Los domingos siempre _____ (venir) a casa más tarde porque tengo partido de fútbol.

b) Chicos, ¿adónde _____ (ir)? _____ (ir) al parque a jugar, Papá.

c) Niños, ¿de dónde _____ (venir)? _____ (venir) de casa de nuestros amigos.

d) Papá, hoy _____ (volver) a casa más tarde porque tengo clase de natación.

e) Olga, ¿adónde _____ (ir)? _____ (ir) a casa de Alejandro.

f) ¿Adónde _____ (ir) toda esa gente? No sé, deben de ir al concierto.

g) ¿A qué hora _____ (volver) hoy a casa Laura y Manoli? A las once más o menos.

El verbo *traer* también es irregular. ¿Sabes colocar cada forma en su sitio?

h) Cuando venimos al colegio, siempre _____ los libros.

i) Si queréis ir a la excursión, necesitáis el permiso por escrito de los padres. ¿Lo _____?

j) Tienes que pagar las entradas. ¿_____ el dinero?

k) Pues no, yo no _____ nada de dinero. ¿Me puedes prestar tú algo?

l) Cuando Antonio y Nati vienen de visita, siempre _____ a la niña.

m) Yo llevo algo de comida para la fiesta, pero ¿quién _____ la bebida?

> traéis
> traemos   trae
> traen   traigo
> traes

9. Observa

El gato de Laura sale de la casa...   va hacia el árbol...   sube al árbol...   baja del árbol...   pasa por la pescadería...   entra en la casa del vecino...   vuelve a la calle.

Enviar ahora   Enviar más tarde   Vincular ▾   Opciones ▾   Insertar hipervínculo ▾   Categorías ▾

De:	Cristina Mendoza [crismend@micorreo.com]
Para:	Pablo Tristán [pablito4503@pueblos.es]
Asunto:	¡Hola!

Monaco ▾ Medio ▾ **N** *K* S T

¡Hola, Pablo!

¿Cómo estás? Me has dicho que quieres saber cómo es mi ciudad, ¿no? Bueno, te cuento...

Zaragoza es una ciudad muy bonita. Y bastante grande... tiene unos seiscientos mil habitantes y es la quinta ciudad de España en población. Además, como sabes, es la capital de Aragón.

Está situada sobre el río Ebro. El río y la basílica del Pilar son dos símbolos importantes de la ciudad. La basílica es una iglesia enorme donde se adora a la Virgen del Pilar.

Zaragoza es una ciudad antigua. Su historia empieza hace más de dos mil años, en la época del imperio romano. Tiene muchos monumentos históricos importantes: iglesias, puentes, palacios. Pero también hay edificios modernos, parques, amplias avenidas y grandes centros comerciales. Aquí no te aburres nunca, porque puedes hacer de todo: hay muchas tiendas, cines, museos, clubes deportivos y culturales. Hay un jardín zoológico y un parque de atracciones. Bueno... y también hay muchas fábricas; es una ciudad bastante industrial. Pero las fábricas están en las afueras.

Aquí la gente es muy alegre y simpática. Les gusta mucho pasarlo bien. En la semana del 12 de octubre se celebran las fiestas del Pilar. Todo el mundo sale a la calle a divertirse. Hay conciertos, bailes y fuegos artificiales. Para las fiestas también vienen muchos visitantes de fuera. Zaragoza se llena de gente.

Ya ves que me gusta mucho mi ciudad. Pero a veces pienso que tiene que ser muy bonito vivir en un pueblo, sin el ruido y la contaminación de la vida urbana. ¿Por qué no me cuentas tú ahora cómo es el lugar donde vives?

Besos y abrazos,
Cristina

Enviar ahora   Enviar más tarde   Vincular ▾   Opciones ▾   Insertar hipervínculo ▾   Categorías ▾

De:	Pablo Tristán [pablito4503@pueblos.es]
Para:	Cristina Mendoza [crismend@micorreo.com]
Asunto:	Re: ¡Hola!

Monaco ▾ Medio ▾ **N** *K* S T

¡Hola, Cris!

Me ha encantado tu mensaje. ¡Qué bonito vivir en una ciudad tan grande e interesante!

Como me pides que te cuente yo también cosas de aquí, ¡allá va!

Alamedilla de San Esteban no es precisamente una gran ciudad como Zaragoza. Al contrario, es un pueblo que tiene tan solo unos seiscientos habitantes. Pero es muy bonito.

El pueblo está en plena montaña y no es muy fácil llegar. La única carretera tiene muchas curvas. No hay tren, y solo hay autobuses desde la ciudad dos veces al día.

Pero la vida en el pueblo es una delicia. Mi padre dice que es mejor para nosotros, los chavales, porque tenemos más libertad que en las grandes ciudades. Podemos estar todo el día por ahí, al aire libre. Vamos en bicicleta sin miedo del tráfico porque hay pocos coches.

Eso sí... no hay cine; solo la tele. Tampoco hay centros comerciales. Todo hay que comprarlo en la tienda de Juan. Y si no tiene algo, hay que ir a la ciudad.

La fiesta mayor es a mediados de agosto. Es muy divertida. Hay conciertos con orquesta en la plaza. El pueblo se llena de gente porque vienen todos los que estudian o trabajan fuera. Y también traen a sus amigos de visita. La gente baila y canta, bebe, se ríe y se divierte.

¿Qué te parece? ¿No quieres venir de visita para las próximas fiestas?

Un saludo,
Pablo

11. Busca la palabra

a. Busca las palabras adecuadas en el mensaje de Cristina (3º, 4º y 5º párrafos) y en el de Pablo (4º párrafo).

r _ _

i _ _ _ _ _

p _ _ _ _ _

p _ _ _ _ _ _

c _ _ _ _ _
c _ _ _ _ _ _ _ _

p _ _ _ _ _ d _
a _ _ _ _ _ _ _ _

f _ _ _ _ _
a _ _ _ _ _ _ _ _ _ _

c _ _ _ _ _ _ _ _

c _ _ _

b. Busca en el mensaje de Cristina adjetivos que se correspondan con las siguientes definiciones:

Ejemplo: Perteneciente al comercio y a los comerciantes. (párr. 4) *comercial*

1. Perteneciente o relativo al deporte. (párr. 4)
2. Perteneciente o relativo a la cultura. (párr. 4)
3. Perteneciente o relativo a la zoología o estudio de los animales. (párr. 4)
4. Perteneciente o relativo a la industria. (párr. 4)
5. Hecho por mano o arte del hombre, es decir por artificio. (párr. 5)
6. Perteneciente o relativo a la ciudad o urbe. (párr. 6)

12. Escucha y contesta 💿 [28]

Escucha la conversación de Rocío con su madre. Luego intenta contestar a estas preguntas.

a. Rocío habla de un examen de Biología. ¿Cuándo es el examen?
- ☐ Es mañana.
- ☐ Ha sido hoy.
- ☐ Es el 11 de enero.

b. ¿Rocío tiene hoy deberes?
- ☐ No, hoy no tiene deberes.
- ☐ Sí, tiene deberes pero ya los ha hecho.
- ☐ Sí, tiene deberes y todavía no los ha hecho.

13. Observa 💿 [28]

a. Fíjate cómo hablamos del pasado cuando está relacionado con el presente.

Este examen **es** difícil. ➡	Estamos haciendo el examen en este momento. Presente
Este examen **ha sido** difícil. ➡	El examen ya ha terminado. Pretérito perfecto
Joaquín me **llama** casi todos los días. ➡	Es una acción que se repite habitualmente. Presente
Esta semana Joaquín *ya* me **ha llamado** tres veces. Esta semana Joaquín *todavía* no me **ha llamado**. Esta semana Joaquín *aún* no me **ha llamado**.	Es una acción reciente. Ha pasado *(ya)* o no ha pasado *(todavía/aún)* en el período actual (hoy, esta semana, etc.). Pretérito perfecto.

b. Observa cómo usan Rocío y su madre el pretérito perfecto.

¿*Hace mucho* que **has llegado**? ➡	Rocío ya está en casa. ¿Desde qué hora?
He llegado hace una hora. ➡	Ejemplo: Ahora son las 15.30. Rocío ha llegado a las 14.30.
¿**Has tenido** un buen día? ➡	Es el día de hoy. Pero el día de colegio ya ha terminado.
Hemos tenido un examen. ¿Y qué tal? ¿Te **ha salido** bien? Sí, no **ha sido** muy difícil.	El examen ha sido hoy. Pero ya ha terminado.
¿**Habéis comido** ya? Sí, **hemos comido** el pollo que **has hecho** esta mañana.	Hablan de la comida de hoy. La madre de Rocío la ha preparado hoy.
¿No me **han llamado** por teléfono? No te **ha llamado** nadie. A mí me **ha llamado** Joaquín.	Hablan de las llamadas de hoy.

c. Escucha de nuevo el diálogo. Luego di si estas frases son verdaderas o falsas.

1. Joaquín ha invitado a Rocío a su casa.
2. Hoy es el cumpleaños de Rocío y Joaquín tiene un regalo para ella.
3. A Joaquín le han regalado un gato.
4. Rocío ya ha hecho los deberes.
5. Rocío todavía no ha hecho los deberes.

14. Observa y practica

Fíjate cómo se forma el pretérito perfecto. Practica la conjugación de otros verbos en este mismo tiempo.

(YO)	he hablado, he comido, he vivido
(TÚ)	has hablado, has comido, has vivido
(ÉL, ELLA)	ha hablado, ha comido, ha vivido
(NOSOTROS, -AS)	hemos hablado, hemos comido, hemos vivido
(VOSOTROS, -AS)	habéis hablado, habéis comido, habéis vivido
(ELLOS, -AS)	han hablado, han comido, han vivido

verbo *haber*	+ participio	verbos regulares:
he has ha hemos habéis han		-AR ➡ -ADO -ER ➡ -IDO -IR ➡ -IDO

15. Relaciona

Algunos verbos de uso frecuente tienen participios irregulares. ¿Sabrías encontrar el participio de estos verbos?

vuelto   abierto
volver   puesto   hacer
describir   ver   dicho   resuelto
poner   hecho   descrito   roto
visto   abrir   escribir
escrito   decir   romper
resolver   escrito

Ejemplo: *ver* ➡ *visto*

16. Observa

Fíjate que los participios terminados en *–aído*, *–eído* y *–oído* se escriben con tilde.

traer ➡ traído   reír ➡ reído   oír ➡ oído
leer ➡ leído

17. Relaciona

1. Seguro que Daniel sabe resolver el problema de Mates. •
2. Carolina tiene que hacer el trabajo de Tecnología. •
3. ¿Y se lo vais a decir a vuestros padres? •
4. ¿Quién ha escrito eso en la pizarra? •
5. No sé dónde poner la mochila. •
6. Me gustaría ver la película que ponen en el cine. •
7. ¿Por qué está abierta la ventana? •
8. ¿Dónde está Elena? •

• a. Sí, pero todavía no se lo hemos dicho.
• b. Nosotros hemos puesto las nuestras en aquel rincón.
• c. La he abierto yo. Es que hace mucho calor.
• d. ¿Aún no la has visto?
• e. Ha venido pero ha vuelto a casa porque se ha olvidado de algo.
• f. Yo no he sido.
• g. No, ya lo ha hecho.
• h. No sé. Por ahora no lo ha resuelto.

18. Completa

Completa el texto con las formas adecuadas del verbo *haber*.

► Hola. ¿Qué te ___ha___ pasado? ¿Por qué no _____ venido esta mañana a clase?
▷ Pues que mi hermana pequeña se _____ puesto enferma. Mi madre y yo la _____ llevado al médico.
► ¿La _____ llevado al centro médico que hay en la plaza? Y allí, ¿qué os _____ dicho?
▷ Nos _____ dado unas pastillas. Mi hermana las _____ tomado y ya se _____ puesto bastante mejor.

19. Completa

Completa el diálogo con las formas adecuadas de los verbos de la lista. Usa el pretérito perfecto.

caer   coger   decir   hacer   lavar   llevar   pasar   poner   romper   salir   ser   ver

► ¿Sabes qué me ___ha pasado___ esta mañana?
▷ No, cuéntame: ¿qué _____?
► Cuando _____ de casa, _____ un pajarito chiquitito en el suelo, herido.
▷ ¡Pobrecito! ¿Y tú qué _____?
► Pues lo _____ con mucho cuidado para no hacerle daño y me lo _____ a casa, le _____ la herida y lo _____ en una cajita.
▷ ¿Y qué _____ tu madre?
► Que seguramente se _____ del nido y se _____ un ala, porque a veces cuando son pequeñitos les pasa eso y los padres no pueden hacer nada.

20. ¿Recuerdas?

a. En la Unidad 7 vimos qué es un diptongo. ¿Sabrías subrayar los diptongos de las siguientes palabras?

Ejemplo: *ayuntam<u>ie</u>nto*

antiguo	ciudad	estudia	intuitivo	sierra
autobús	comercial	Europa	oigan	traigo
bien	cuatro	habéis	palacio	vais
bueno	estación	industrial	puente	vuelve

b. También aprendimos en la Unidad 7 a separar las palabras en sílabas y a identificar la sílaba tónica. ¿Sabrías hacerlo con estas palabras tal como se indica en el ejemplo?

Ejemplo: *mu-<u>se</u>-o*

artificial	circunferencia	deportivo	jardín	rotonda	traer
avenida	correos	ejercicio	luego	semáforo	urbano
carretera	cultural	fábrica	plaza	taller	veintiuno
cine	curva	hospital	polideportivo	teatro	zoológico

21. Observa, deduce y memoriza

Tipos de palabras según la posición de la sílaba tónica:
- ✔ Llamamos "monosílabos" a las palabras de una sola sílaba.
  - Ejemplos: *flor, gris, piel, de, es, la.*
- ✔ Llamamos palabras "agudas" a las que se acentúan en la última sílaba.
  - Ejemplos: *a-<u>zul</u>, es-cri-<u>bir</u>, es-pa-<u>ñol</u>, ma-<u>yor</u>, pa-<u>red</u>, pro-fe-<u>sor</u>.*
- ✔ Llamamos palabras "llanas" a las que se acentúan en la penúltima sílaba (es decir, la anterior a la última).
  - Ejemplos: *es-pa-<u>ño</u>-la, ins-ti-<u>tu</u>-to, <u>lla</u>-man, <u>e</u>-lla, en-<u>ton</u>-ces, <u>tie</u>-ne.*
- ✔ Llamamos palabras "esdrújulas" a las que se acentúan en la antepenúltima sílaba (es decir, la anterior a la penúltima).
  - Ejemplos: *<u>á</u>-ra-be, ar-<u>tí</u>-cu-lo, <u>cír</u>-cu-lo, ma-<u>yús</u>-cu-la, pe-<u>lí</u>-cu-la, <u>plá</u>-ta-no.*
- ✔ Hay también palabras "sobresdrújulas": *<u>dí</u>-ga-me-lo.*

Para comprender las reglas de acentuación del español, también es importante observar en qué letra termina cada palabra.

a. Haz en tu cuaderno tres columnas y clasifica estas palabras según su terminación, como en el ejemplo: *actriz, ajedrez, algunos, arroz, boli, capital, casi, decir, edad, especial, estas, estoy, guapa, hermano, imagen, llama, mayor, mujer, nariz, nombres, padre, pelo, profesor, reloj, tiene, tienen, tienes, trabajan, tradicional, tribu, universidad.*

Ejemplo:

Palabras terminadas en vocal:	Palabras terminadas en "n" o "s":	Palabras terminadas en otras consonantes:
boli	algunos	actriz
...	...	...

b. Luego, subraya la sílaba tónica de cada palabra. ¿Qué observas? ¿A qué tipo de palabras pertenecen las que has puesto en la primera columna: agudas o llanas? ¿Y las de la las otras columnas? Observa que ninguna de estas palabras lleva tilde.

En español se usa la tilde (o acento escrito) para indicar cuál es la sílaba tónica de una palabra y saber cómo se pronuncia.
1. En general **los monosílabos** <u>no</u> llevan tilde (en su caso, no es necesario señalar la sílaba tónica): *dos, por, soy, yo.*
2. No llevan tilde las palabras **llanas terminadas en vocal, "n" o "s"**: *<u>clase</u>, <u>clases</u>, <u>hablo</u>, <u>hablas</u>, <u>hablan</u>, <u>hola</u>.*
3. No llevan tilde las palabras agudas **terminadas en consonante (excepto "n" o "s")**: *espa<u>ñol</u>, ha<u>blar</u>, na<u>riz</u>, pa<u>red</u>, rotula<u>dor</u>.*
4. Llevan tilde las palabras que no pertenecen a ninguna de las tres categorías anteriores, es decir:
   a. Las **llanas no terminadas en vocal, "n" o "s"**: *<u>ál</u>bum, <u>fút</u>bol, <u>lá</u>piz, <u>sánd</u>wich.*
   b. Las **agudas terminadas en vocal, "n" o "s"**: *aten<u>ción</u>, dieci<u>séis</u>, es<u>tá</u>, ha<u>bláis</u>, marro<u>quí</u>.*
   c. Las **esdrújulas y sobresdrújulas**: *his<u>tó</u>rico, <u>mú</u>sica, pe<u>lí</u>cula, vis<u>tién</u>dose, <u>trái</u>gamelo.*
5. Además, existen **palabras que se acentúan por otros motivos** que veremos en las páginas 111 y 112: *caído, día, más, tú, cómo, qué, etc.*
6. Las letras mayúsculas también se acentúan cuando corresponde: *África, Álvaro, Ángel, Óscar.*

Aquí y allá

22. **Lee, comprende y opina**

Después de leer el texto, piensa si en tu país ocurre igual. Luego, averigua cómo es en los países de tus compañeros.

LA MUJER EN LA SOCIEDAD ACTUAL

Parece indiscutible que las mujeres han vivido tradicionalmente relegadas a puestos secundarios. Y esto ha ocurrido tanto en el ámbito de la vida privada como en la vida pública.

En la casa, hasta no hace mucho, ha sido el hombre quien ha llevado los pantalones. En la familia tradicional, el padre ha tenido siempre mayor poder de decisión sobre las cuestiones fundamentales de la vida doméstica, desde la educación o el matrimonio de los hijos hasta la administración del patrimonio familiar. En ese tipo de familias, aunque la mujer ha llevado la mayor parte de la carga del trabajo del hogar, su voz casi nunca ha llegado a oírse en pie de igualdad con la del varón.

En cuanto a la participación en la vida social, el papel de la mujer se ha visto igualmente limitado. Solo muy recientemente ha comenzado a alcanzarse cierta igualdad de oportunidades para la mujer y el hombre en el mundo académico y en el medio laboral. Incluso hoy en día, aunque la situación de las mujeres ha mejorado notablemente, suele resultar más difícil para ellas alcanzar en el plano profesional el mismo reconocimiento que un compañero de sexo masculino.

La igualdad de derechos entre hombres y mujeres es algo que ya pocos se atreven a discutir. Sin embargo, todavía queda un buen camino por recorrer antes de que unos y otras disfruten de los mismos privilegios.

Relaciona las siguientes palabras del texto con sus definiciones, que encontrarás en la columna de la derecha.

1. indiscutible •	• a. bastante
2. secundario •	• b. ventaja
3. llevar los pantalones •	• c. principal, más importante
4. fundamental •	• d. con iguales derechos
5. matrimonio •	• e. de menor importancia
6. patrimonio •	• f. algo en que todos están de acuerdo
7. en pie de igualdad •	• g. conjunto de bienes o propiedades
8. notablemente •	• h. tener mayor autoridad o poder de decisión, sobre todo en la casa
9. privilegio •	• i. casamiento

23. **Investiga**

¿Igualdad de oportunidades: sí o no? ¿Somos sexistas? Organiza con tus compañeros una encuesta para averiguar qué piensa la gente de tu entorno sobre la igualdad de oportunidades entre hombres y mujeres. Primero, debes preparar un cuestionario. A continuación te proponemos algunas preguntas posibles.

¿Crees que la mujer debe...

¿Y crees que actualmente es así?

tener las mismas responsabilidades en las tareas de la casa que los hermanos varones?
recibir el mismo dinero de los padres para gastos personales?
poder estudiar en la universidad?
poder trabajar fuera de casa?
ganar el mismo dinero por su trabajo que un hombre?
tener iguales derechos que el hombre para decidir sobre las cosas de la casa?
tener iguales derechos que el hombre para decidir sobre la educación de sus hijos?
realizar trabajos tradicionalmente considerados propios de los hombres?
poder destacar en el mundo cultural o científico?
poder dirigir una empresa?
poder ocupar un alto cargo político?

Respuestas posibles:	a) Sí, estoy totalmente de acuerdo.	c) No, más bien no.	e) No sabe o no contesta.
	b) Sí, estoy bastante de acuerdo.	d) No, para nada.	

No olvidéis anotar también algunos datos sobre las personas entrevistadas, como el sexo, la edad o el lugar de origen. Eso os permitirá comparar lo que piensan unos y otros.

Después de entrevistar a las personas incluidas en la encuesta, organizad los datos y preparad un breve informe de los resultados. Podéis incluir algún gráfico que ayude a comprender las cifras.

En esta unidad...

- Hablar de planes y proyectos
  Expresar intención, voluntad,
  preferencia y necesidad

¿Qué vas a hacer?

Voy a terminar esto.

Pienso comer más tarde.
Quiere venir mañana.
Prefiero ver la película.
Necesito comprarme
unos zapatos.

- Los pronombres de objeto directo (II)

me, te, nos, os

- Hacer propuestas e invitaciones
  y reaccionar a ella

- Reglas de acentuación (II)

¿Quieres un refresco?
¿Qué te parece si llamamos a María?
¿Te gustaría ir al cine?

Me parece una idea genial.
Mejor vamos a dar una vuelta.
No voy a poder. Es que...

- La ropa

Y al final de esta unidad...

Un mundo de todos: Fiestas del mundo

Averigua cuáles son las fiestas más típicas de distintos lugares del mundo y cómo se celebran. También puedes enterarte de cómo se festejan los cumpleaños. Organiza una fiesta con tus compañeros. Cada uno propone ideas y expresa sus preferencias.

1. ¿Qué sabes decir?

2. Relaciona

La ropa

¿Conoces el nombre en castellano de las siguientes prendas de vestir?

Ejemplo: *Esto es una gorra.*

camiseta de manga corta

corbata

gorro

sombrero

sandalias

falda

vaqueros

camisa

zapatillas

abrigo

jersey

pantalón corto

botas

camiseta sin mangas

cinturón

gorra

blusa

traje de chaqueta

traje

bufanda

guantes

vestido

zapatos

calcetines

medias

cazadora

3. Describe

Observa los dibujos y di qué lleva puesto cada una de estas personas.

Ejemplo: - ¿Qué lleva puesto este chico?
           - Lleva una gorra azul, una camiseta sin mangas,...

4. Recorta, colorea y juega

Vamos a jugar al *Juego de la ropa*. Usa el material que os dará el profesor para vestir a los maniquíes. Habla con tus compañeros de lo que lleva puesto el maniquí de cada uno.

5. Escucha [29]

Escucha el diálogo. ¿Cuáles de las siguientes expresiones oyes?

¿Qué vas a hacer?
¿Qué vais a llevar?

*****

¿Qué piensas hacer?
¿Cuándo pensáis volver?

*****

¿Qué quieres comer?
¿Por qué queréis iros?

*****

¿Qué prefieres hacer?
¿Adónde preferís ir?

*****

¿Cuándo necesitas irte?
¿Qué necesitáis comprar?

Voy a ir al cine.
Vamos a estudiar.
Van a venir unos amigos.

*****

Pienso invitar a todos mis amigos.
Pensamos ir en tren.

*****

Quiero dar una vuelta por el centro.
Queremos ver una peli.

*****

Prefiero quedarme en casa.
Prefiero celebrarlo el domingo.
Preferimos ir en bici.

*****

Necesito comprarme unos vaqueros.
Necesitamos hablar con el director.

6. Elige

¿Sabes qué significan estas expresiones?

1 Mañana *voy a ir* al cine.

a. He decidido ir al cine. Es algo que ocurrirá en el futuro.
b. Mañana es un buen día para ir al cine.
c. Me gustaría ir al cine mañana, pero no puedo.

2 Hoy *pienso estudiar* toda la tarde.

a. Debo estudiar toda la tarde. Mi obligación es estudiar toda la tarde.
b. Me gusta mucho estudiar. Mi deseo es estudiar toda la tarde.
c. Me he propuesto estudiar toda la tarde. Mi intención es estudiar toda la tarde.

3 *Quiero comprar* un regalo para José Luis.

a. Mi deseo, mi voluntad es comprarle un regalo.

b. Tengo que comprarle un regalo. Es mi obligación.
c. Me gustaría comprarle un regalo, pero no puedo.

4 *Necesito hablar* contigo.

a. Me gustaría hablar contigo. Es un deseo.
b. Tengo que hablar contigo. Para mí es una necesidad.
c. Siempre hablo contigo. Es una costumbre.

5 *Prefiero invitar* a mis amigos.

a. Puedo hacer otra cosa, pero para mí es mejor invitarlos.
b. No quiero invitarlos.
c. No sé si invitar a mis amigos o no.

7. Observa

a. Fíjate en las palabras que aparecen en letra cursiva en el ejercicio anterior. ¿Qué forma del verbo usamos después de *ir a, pensar, querer, necesitar* y *preferir*?

b. Para hablar del futuro podemos usar el verbo *ir + a +* infinitivo: *Esta tarde voy a llegar a casa a las seis*.

Pero, cuando se trata de un futuro próximo, también podemos usar el presente: *Esta tarde llego a casa a las seis*.

8. Entre colegas [29]

a. Escucha de nuevo el diálogo. ¿Sabes qué significan las siguientes palabras que usamos en el lenguaje informal?

este finde   el insti   porfa   una peli   mi cumple

b. Y las que aparecen a continuación, ¿sabes qué significan? ¿Cómo dirías estas frases en lenguaje formal?

Voy a ver la tele.   Esa es la bici de Rosa.   Ya viene el profe de mates.

Déjame un rotu o un boli, porfa.   Tengo que llevar a mi sobri al cole.

9. Relaciona

Elige la respuesta más adecuada.

Quiero invitar a algunos amigos para mi cumpleaños. •

¿Y qué vais a hacer en las vacaciones? •

No pienso hacer ese ejercicio. •

¿Qué quieres cenar? •

Esta tarde voy a ir al supermercado a hacer la compra. •

¿Preferís ir andando o en autobús? •

Necesito comprar un libro para el colegio. •

• Cualquier cosa, pero prefiero no comer mucho. No tengo hambre.
• ¿Te acompaño?
• ¿Sí? ¿Y cuánto cuesta?
• ¡Venga, hombre! ¿Cómo que no? Tienes que hacerlo.
• No sé. Creo que vamos a ir al pueblo de Ana.
• ¿Piensas celebrarlo en tu casa?
• ¿Y por qué no vamos en bici?

10. Ordena

Ordena las palabras para formar las frases que sirven de continuación a las siguientes.

Esta película me ha encantado.

a   todos   recomendarla   pienso   mis   amigos

¿   hacer   ?   necesitas   ruido   tanto

Así no puedo estudiar.

¿Podemos salir hoy un poco más temprano?

dos   las   el   autobús   de   queremos   coger

volver   ¿   vamos   casa   ?   a   a   cuándo

Estoy cansado.

Ana y Amparo no van a venir.

quedarse   en   su   casa   prefieren

11. Completa

Copia este cuadro en tu cuaderno y complétalo con las formas correctas de los verbos. ¿A cuál de las tres conjugaciones pertenece cada uno?

	pensar	querer	preferir	
(YO)				
(TÚ)	piensas			
(ÉL, ELLA)			prefiere	e ▸ ie
(NOSOTROS, -AS)	pensamos	queremos		
(VOSOTROS, -AS)			preferís	
(ELLOS, -AS)		quieren		

12. Practica

Inventa con tus compañeros pequeños diálogos en los que se usen las perífrasis verbales *ir a, pensar, querer, preferir, necesitar* + infinitivo. Luego representadlos para el resto de la clase.

13. Escucha y relaciona [30]

Escucha los diálogos y di qué dibujo corresponde a cada uno.

14. Escucha y observa [30]

Observa las siguientes expresiones que usamos para hacer propuestas o invitaciones y para reaccionar a ellas. Luego, escucha de nuevo los diálogos. ¿Cuáles de estas expresiones se usan en ellos?

Oye, ¿vamos a *(dar una vuelta)*?	¡Sí, sí!
¿Quieres *(un caramelo)*?	Me parece una idea genial.
¿Quieres *(tomar algo)*?	No sé si voy a poder. Tengo que...
¿Te gustaría *(salir un rato)*?	¡Qué pena! No puedo. Es que...
¿Y si *(tomamos algo)*?	Mejor *(vamos a mi casa)*.
¿Qué te parece si *(vamos al parque)*?	¿Celebras algo?
¿Por qué no *(vienes a casa)*?	Gracias.
¿Por qué no *(vamos al cine)*?	Gracias por la invitación.

15. Practica

Inventa y representa con tus compañeros pequeños diálogos usando expresiones de la lista anterior. Podéis hacer algunas de las siguientes propuestas o invitaciones:

- ✔ venir a una fiesta en mi casa
- ✔ ir de excursión
- ✔ hacer el trabajo de ciencias
- ✔ dar una vuelta por el parque
- ✔ tomar algo

- ✔ visitar el museo
- ✔ dar un paseo en bici
- ✔ estudiar en la biblioteca
- ✔ cantar una canción
- ✔ ir al cine

16. ¿Verdadero o falso? [31]

Escucha el diálogo. Luego indica cuáles de estas frases son verdaderas y cuáles falsas.

1. José habla con su padre.
2. Alguien ha llamado a José por teléfono.
3. Hoy es el cumpleaños de Pepa.
4. Pepa ha invitado a Miguel y a José a su casa.
5. Pepa no ha invitado a Juan.
6. Pepa no ha invitado a Ana.
7. José sabe dónde están sus pantalones de deporte y sus zapatillas.
8. La madre de José sabe dónde están.

17. Escucha y completa [31]

Escucha de nuevo el diálogo. ¿Sabrías completar las siguientes frases del diálogo con las palabras indicadas?

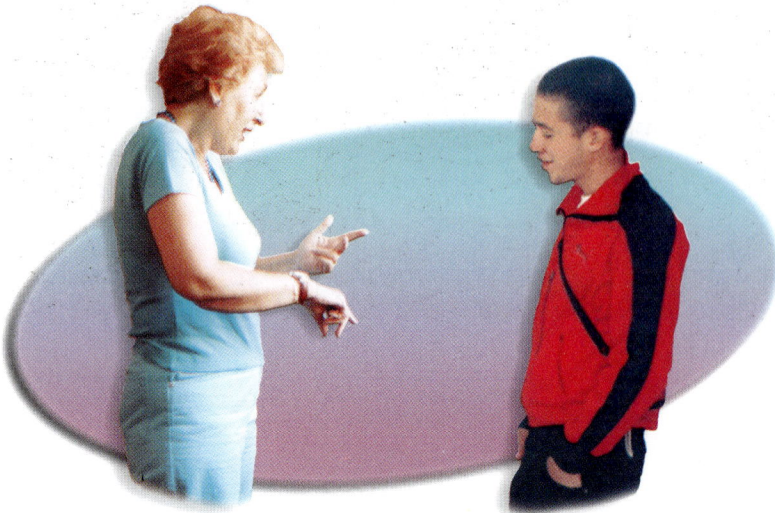

nos ha invitado
los he puesto
la ha invitado
me ha llamado
os ha invitado
te ha llamado
lo ha invitado
las he visto

1. ¿.............................. alguien?
2. No, no .... nadie.
3. Mañana es su cumpleaños y .... a su casa.
4. ¿Y .... solo a vosotros dos?
5. No .... porque no es tan amigo de ella.
6. A Ana sí ....
7. No sé dónde ....
8. No, tampoco ....

18. Observa y relaciona [31]

Las palabras de la siguiente tabla son los **pronombres de objeto directo**. Ya hemos visto los de la tercera persona en la Unidad 9. Fíjate en qué contexto se usan en las frases del diálogo del ejercicio anterior e indica a qué o a quién se refiere cada uno de ellos.

	singular	plural
1ª persona	me	nos
2ª persona	te	os
3ª persona	lo	los
	la	las

José
Ana
José y Miguel
José y Miguel
José   Juan
las zapatillas nuevas
los pantalones de deporte

Ejemplo: *me* ➡ *¿Me ha llamado alguien?* ➡ *Se refiere a José.*

19. ¿A qué se refiere?

Observa los pronombres de objeto directo que aparecen en **negrita**. ¿Sabes a qué se refiere cada uno?

Ejemplo: *¿Delia habla español? Sí, LO habla muy bien. "LO" se refiere al español.*

1. Hola, soy Alejandro. Pero los amigos **me** llaman Alex.
2. Estos tomates están muy verdes. **Los** quiero más maduros.
3. Oye, Carmen, ¿David **te** ha invitado a su fiesta?
4. ¿Sabéis el número de teléfono de Andrea? Sí, **lo** tenemos en la agenda.
5. ¿Me dejas una goma? **La** necesito para borrar esto.
6. Las lecciones 9 y 10 también entran en el examen. Vamos a estudiar**las**.
7. Dori está aprendiendo inglés, pero todavía no **lo** habla muy bien.
8. Si no habéis hecho todavía el trabajo de inglés, haced**lo** ahora.
9. No sé cómo se escribe tu apellido. Deletréa**lo**, por favor.
10. ¿Has terminado de leer el libro que te he prestado? No, todavía estoy leyéndo**lo**.

20. Observa y deduce

En el ejercicio anterior hay cuatro frases en las que el pronombre de objeto directo aparece después del verbo y unido a él. Encuéntralas. ¿En qué forma están esos verbos? ¿Con cuáles de las siguientes formas verbales se usa el pronombre de objeto directo después del verbo?

a. infinitivo (cantar)
b. participio (cantado)
c. gerundio (cantando)
d. pretérito perfecto (he cantado, has cantado...)
e. presente (canto, cantas, canta, cantamos...)
f. imperativo (canta, cantad)

21. El leísmo

En muchas zonas de España, es habitual usar los pronombres *le* y *les* en lugar de *lo* y *los* para referirse a personas. Este fenómeno se llama "leísmo".
¿Es habitual donde tú vives? Consulta con tu profesor.

	Pepa ha invitado a Miguel.	Pepa ha invitado a Miguel y a José.
Forma estándar:	Pepa **lo** ha invitado.	Pepa **los** ha invitado.
Variante leísta:	Pepa **le** ha invitado.	Pepa **les** ha invitado.

Reglas de acentuación (II)

En la Unidad 10 estudiamos las reglas de acentuación de las palabras según su terminación y la posición de la sílaba tónica. Existen, además, otros dos motivos por los cuales algunas palabras deben acentuarse. Se trata de determinadas **combinaciones de vocales** y de las palabras con **tilde diacrítica**.

22. Observa

Fíjate cómo se separan en sílabas las siguientes palabras. Observa especialmente las combinaciones de vocales que aparecen coloreadas.

vais: v**ais**	seis: s**ei**s	colegio: co-le-g**io**
país: p**a-í**s	leído: le-í-do	tío: tí-o
gracias: gra-c**ia**s	cueva: c**ue**-va	antiguo: an-ti-g**uo**
día: dí-a	acentúe: a-cen-tú-e	búho: bú-ho

Como ya sabes, cuando una vocal cerrada (i, u) está antes o después de una vocal abierta (a, e, o), normalmente forman diptongo, es decir: pertenecen a la misma sílaba. Cuando esto no es así, decimos que las vocales forman **hiato**. Esto debe indicarse poniendo una tilde sobre la vocal cerrada.

23. Separa en sílabas

Separa en sílabas las siguientes palabras.

• abierto	• bueno	• dieciocho	• juego	• país
• aceite	• cambio	• Díez	• leísmo	• restaurante
• aire	• canadiense	• Eulalia	• luego	• rubio
• armario	• Ceuta	• Europa	• Marruecos	• siete
• Australia	• chuchería	• fiesta	• mío	• social
• automóvil	• ciencia	• gimnasia	• novio	• veinte
• baile	• cuenta	• historia	• oiga	• voleibol
• biología	• día	• izquierda	• oír	• zanahoria

Ejemplo: *abierto: a-bier-to*

24. Acentúa

Estas palabras contienen hiatos. Cópialas en tu cuaderno y escribe las tildes que faltan.

• cafeina	• mayoria	• Oceania	• reune	• vacio
• judia	• mediodia	• raiz	• rie	• vestios

25. Observa

Fíjate cómo se escriben las palabras que aparecen coloreadas. La **tilde diacrítica** sirve para distinguir palabras diferentes que tienen la misma forma.

Él tiene el pelo castaño. ¿Tú y tu familia habláis español? A mi hermana le gusta el fútbol y a mí también.	Los pronombres personales *él*, *tú* y *mí* se escriben con tilde. En cambio, no llevan tilde el artículo *el* y los posesivos *tu* y *mi*.
Te invito a tomar un té.	El pronombre personal *te* no lleva tilde. El sustantivo *té*, escrito con tilde, es el nombre de una bebida.
Habla más despacio, por favor.	El adverbio *más* se escribe con tilde para distinguirlo de la conjunción *mas*, que significa "pero".
Si tengo fiebre, ¿tengo que quedarme en casa? Sí.	El adverbio de afirmación *sí* se escribe con tilde para distinguirlo de la conjunción *si*.
¿El hermano de María se llama Juan? No sé. Sé bueno.	El pronombre personal *se* no lleva tilde. Escrito con tilde, *sé* es una forma del verbo *saber* o del verbo *ser*.
Este dibujo me gusta. En cambio éste no me gusta nada.	Los demostrativos *este/a/os/as*, *ese/a/os/as* y *aquel/la/los/las* no se acentúan cuando son determinantes, pero sí suelen acentuarse cuando son pronombres.
¿Qué tengo que hacer? ¿Cómo se hace? Tienes que hacerlo como en el ejemplo. ¡Qué bonito! ¡Cómo me gusta!	Las palabras *qué*, *quién*, *cuál*, *cómo*, *cuánto*, *cuándo*, *dónde* y *adónde* se escriben con tilde cuando tienen sentido interrogativo o exclamativo.

Aquí y allá

26. Lee

Las fiestas

Los españoles tienen fama de ser muy aficionados a la diversión y los festejos. Cada comunidad, cada ciudad y cada pueblo tienen sus propias fiestas y tradiciones. En la mayoría de los casos, se trata de las llamadas fiestas patronales, que se celebran en honor de algún santo. Sin embargo, estas fiestas no tienen solo un significado religioso. Ante todo, son una ocasión para que los vecinos de cada pueblo o ciudad salgan a la calle a expresar su alegría y ganas de pasarlo bien. Se llevan a cabo actividades de todo tipo según la costumbre de cada sitio: conciertos y otros espectáculos, bailes, ferias de artesanía, corridas de toros, fuegos artificiales, etc. Las fiestas principales de cada lugar suelen llamarse "fiesta mayor" y casi siempre son en verano u otoño. Los jóvenes no se cansan de reír y bailar. Los mayores pasean por las calles adornadas y disfrutan del fresco de la noche en las terrazas. Los chicos juegan en las calles y se divierten en las atracciones de feria.

Entre las fiestas más famosas están las Fallas de Valencia, donde se queman, en la noche de San José (19 de marzo), grandes esculturas de cartón. En Madrid, se celebran en mayo las fiestas de San Isidro, con gran cantidad de espectáculos y una importante feria taurina. En Pamplona tienen lugar a principios de julio las fiestas de San Fermín, con encierros de toros en las calles; en Zaragoza, las fiestas del Pilar; en Alicante, las hogueras de San Juan; en Barcelona, las fiestas de la Merced; en Bilbao, la Semana Grande; y así, desde las urbes más populosas hasta la más apartada aldea, puede decirse que no hay rincón de España que no cuente con sus propias fiestas tradicionales.

Durante todo el año se suceden también, en distintos puntos de la geografía

Durante todo el año se suceden también, en distintos puntos de la geografía española, otras muchas ferias y romerías, como la romería del Rocío en Huelva o la Feria de Abril en Sevilla. Las fiestas del Carnaval, que tienen lugar en febrero, se caracterizan por los vistosos y coloridos desfiles de carrozas y bailes de disfraces.

Y en diciembre llegan las navidades. El 25 de diciembre es el día de Navidad. Pero el momento más entrañable es sin duda la noche del 24: es la Nochebuena. Las familias se reúnen para una cena muy especial. En muchas casas se pone un árbol de navidad, pero una de las tradiciones más típicas es el belén, un auténtico decorado teatral en miniatura inspirado en escenas relacionadas con el nacimiento de Jesucristo.

Tras la navidad, llega el fin de año. En la noche del 31 de diciembre, familias y amigos vuelven a reunirse para recibir el nuevo año. Cuando suenan las campanadas de medianoche, todos comen las doce uvas de la suerte. Y a los pocos días, el 6 de enero, es el día de Reyes, el más esperado por los pequeños, porque los Reyes Magos llegan a todas las casas en sus camellos y dejan regalos para todos los niños.

A las fiestas tradicionales españolas se han sumado en los últimos años, gracias a las aportaciones de personas venidas de numerosos países, las fiestas propias de otras culturas, como el Año nuevo chino o la Fiesta del Cordero musulmana. Estas celebraciones enriquecen aún más el variado mosaico de tradiciones festivas.

27. Relaciona

Relaciona cada palabra o expresión del texto con su sinónimo.

aficionado a

pasarlo bien

vecino

aldea

urbe

divertirse

ciudad

pueblo pequeño

habitante

amigo de

28. Conversa

¿Qué fiestas se celebran en tu comunidad autónoma, en tu población o en tu barrio? ¿Y en tu país de origen? Habla con tus compañeros y averigua qué fiestas se celebran en sus países.

Unidad 12

En esta unidad...

- Expresar opiniones
  Oraciones subordinadas
  adjetivas y sustantivas

  Creo que esa película es muy buena.

  Esta es la asignatura que más me gusta.

- Expresar acuerdo y desacuerdo

  Estás equivocado/a. No estoy de acuerdo.

  Es cierto. Tienes razón.

- Los posesivos tónicos

  mía, tuyo, suyos, vuestras...

- Los pronombres de objeto indirecto

  me, te, le, nos, os, les

  se lo, se la, se los, se las

Y al final de esta unidad...

Un mundo de todos: Instituciones del mundo

Recaba información sobre un organismo internacional y sobre alguna institución u organización de España, de tu comunidad autónoma o de tu población. Expresa tus opiniones y las de otras personas sobre la importancia de esas organizaciones y sobre las acciones que llevan a cabo.

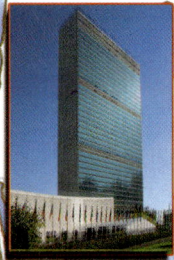

UNESCO

Antes de empezar

1. ¿Qué sabes decir?

Describe qué ves en estas imágenes y expresa tus opiniones sobre cada situación.

Manos Unidas

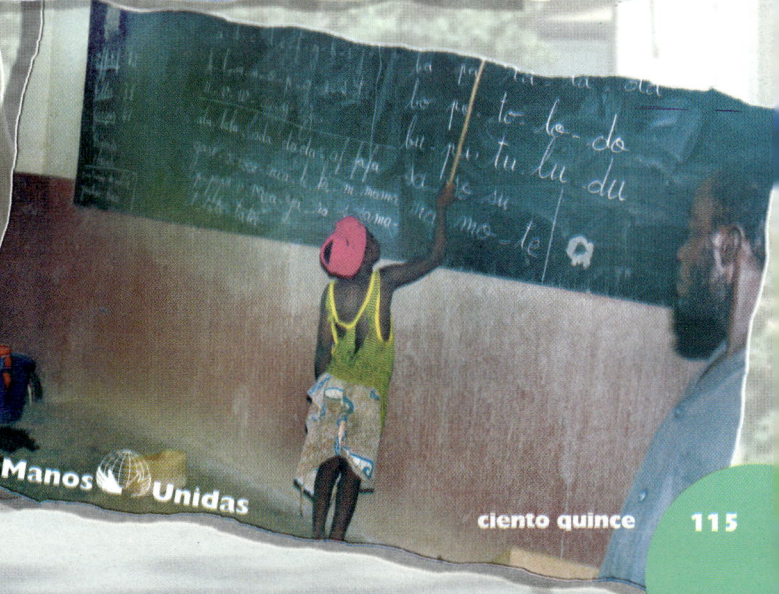

2. Lee

España y la Unión Europea: Sus instituciones y símbolos

Los países que constituyen la **Unión Europea (UE)** comparten su soberanía para ser más fuertes y tener una influencia mundial que ninguno de ellos podría ejercer individualmente. Para ello, los Estados miembros delegan algunos de sus poderes en las instituciones de la Unión para tomar decisiones comunes sobre asuntos que interesan a todos.

La Constitución Europea define el funcionamiento de las siguientes instituciones: el **Parlamento Europeo**, formado por diputados que representan a los ciudadanos de la UE; el **Consejo Europeo**, compuesto por los Jefes de Estado o de Gobierno; el **Consejo de Ministros**, constituido por representantes de los gobiernos de los estados miembros; la **Comisión Europea**, que defiende los intereses de la Unión y coordina las iniciativas necesarias para su adecuado funcionamiento; y el **Tribunal de Justicia**, la institución que vigila la aplicación de la Constitución y el respeto de la legislación europea. Existen, además, otras instituciones como el **Banco Central Europeo**, que es responsable de la política monetaria, o el **Tribunal de Cuentas**, que controla las cuentas de la Unión.

España, como estado soberano dentro de la UE, posee sus propias instituciones. La organización política del Estado se basa en el régimen de monarquía parlamentaria. La **Corona** es símbolo de la unidad y permanencia del Estado. El Rey, como Jefe del Estado, es su máximo representante en las relaciones internacionales. Las **Cortes Generales**, que representan al pueblo español, ejercen el poder legislativo y controlan la acción del Gobierno. Constan de dos cámaras: el **Congreso de los Diputados** y el **Senado**. El **Gobierno**, formado por el Presidente y los Ministros, dirige la política y la administración del Estado. Otras instituciones importantes son el **Consejo General del Poder Judicial** y el **Tribunal Constitucional**.

El emblema de la UE es una bandera azul con doce estrellas doradas dispuestas en círculo. Además, la UE tiene un himno, la *Oda a la alegría* de la *Novena Sinfonía* de Beethoven, y un lema: "Unidad en la diversidad". Los símbolos del Estado español son el escudo de España, la bandera y el himno nacional. La bandera nacional está formada por tres franjas horizontales: roja, amarilla y roja, siendo la amarilla el doble de ancha que cada una de las rojas. El 9 de mayo es el día de Europa. La fiesta nacional de España es el 12 de octubre, o día de la Hispanidad. Y el 6 de diciembre se celebra en España el día de la Constitución.

Además de los propios del Estado, en España cada comunidad autónoma y cada municipio cuenta con sus propias instituciones, símbolos y fiestas.

3. Contesta

Responde a las siguientes preguntas:

a) Nombra las principales instituciones de la Unión Europea.
b) Nombra las principales instituciones del Estado español.
c) ¿Quiénes son los miembros del Parlamento Europeo?
d) ¿Quiénes constituyen el Consejo Europeo?
e) ¿Sabes cómo se llama el Jefe del Estado español? ¿Y el actual Jefe de Gobierno?
f) ¿Cuáles son los símbolos de la Unión Europea? ¿Y los de España?
g) ¿Sabes cómo es la bandera de tu comunidad autónoma?
h) ¿Qué día se celebra la fiesta de tu comunidad?

4. Relaciona

Busca el sinónimo de las siguientes palabras del texto. Usa el diccionario si es necesario:

• constituyen	• soberano	• tiene	• cuestiones
• asuntos	• posee	• forman	• formado
• compuesto	• emblema	• independiente	• símbolo

5. Juega

Vamos a jugar al *Juego de la Unión Europea*. Vuestro profesor os dará el material necesario y os explicará cómo se juega.

6. Observa

Fíjate en estas frases del texto y observa el uso de la palabra "que" para formar frases compuestas.

Unos países constituyen la Unión Europea + **Esos países** comparten su soberanía	Los países **que constituyen la Unión Europea** comparten su soberanía.
Las Cortes Generales representan al pueblo español + **Las Cortes Generales** ejercen el poder legislativo	Las Cortes Generales, **que representan al pueblo español**, ejercen el poder legislativo.

La parte subrayada de estas frases es una oración subordinada de relativo. Este tipo de oración tiene una función adjetiva, ya que complementa al sintagma nominal que la precede. El pronombre relativo "que" se refiere a ese sintagma (*los países, las Cortes Generales*), que se llama "antecedente".

Observa el uso de comas. ¿Por qué crees que la segunda oración de relativo va entre comas? En el primer ejemplo, la oración de relativo sirve para especificar de qué países estamos hablando: es una oración de relativo "especificativa". En el segundo ejemplo, el antecedente (*las Cortes Generales*) ya está suficientemente identificado; la oración de relativo da una explicación adicional: es una oración de relativo "explicativa".

7. Analiza

Copia las siguientes frases en tu cuaderno. Subraya en cada una la oración de relativo en rojo y el antecedente del pronombre relativo en azul. Indica en cada caso si la oración de relativo es especificativa o explicativa.

Ejemplo: Nos vemos en el parque que hay frente al instituto. ➡ especificativa

1. Nos vemos en el parque que hay frente al instituto.
2. Mañana vamos al parque de atracciones, que es el lugar de ocio preferido por los chicos de la ciudad.
3. Los españoles que conozco son muy simpáticos.
4. Los españoles, que son grandes amantes de las fiestas, también saben disfrutar de la tranquilidad de un día en el campo.
5. España, que es el destino elegido cada año por millones de turistas, cuenta con una oferta cultural rica y variada.
6. La España que hoy conocemos no es igual a la de hace cien años.

8. Busca

Encuentra las oraciones del relativo que hay en el siguiente texto.

Madrid, que es la ciudad más poblada de España, cuenta con más de tres millones de habitantes. Hay grandes avenidas que se extienden a lo largo de muchos kilómetros, como la Gran Vía o la calle de Alcalá. El Paseo de la Castellana, que recorre la ciudad de norte a sur, está rodeado de modernos edificios, como las torres inclinadas de la Puerta de Europa, que parecen desafiar a la gravedad. Existen también parques importantes, como el del Retiro, que es el más famoso, o la Casa de Campo. Uno de los principales atractivos culturales de la ciudad son sus grandes museos. El más conocido es el Museo del Prado, que atesora una de las colecciones de pintura más importantes del mundo.

9. Une

Une cada par de oraciones para formar una frase compuesta. En algunos casos puede haber dos soluciones distintas, como en el ejemplo.

Ejemplo: Londres es la capital del Reino Unido. Londres es una ciudad interesantísima.
➡ Londres, que es la capital del Reino Unido, es una ciudad interesantísima.
➡ Londres, que es una ciudad interesantísima, es la capital del Reino Unido.

1. Londres es la capital del Reino Unido. Londres es una ciudad interesantísima.
2. Cristina es la novia de Raúl. Cristina está en mi clase.
3. Un chico vive en la casa de al lado. Ese chico es mi amigo.
4. Tengo que estudiar Biología. Biología es una asignatura bastante difícil.
5. La profesora ha puesto un ejercicio. Ese ejercicio es muy complicado.

10. **Escucha** [32]

Escucha el diálogo que mantienen Natalia y Quique sobre el consumo de alcohol entre los adolescentes españoles. Luego di cuáles de las siguientes frases son verdaderas y cuáles falsas.

1. Casi la mitad de los jóvenes españoles se han emborrachado alguna vez.
2. En la encuesta han participado chicos y chicas menores de 19 años.
3. Les han preguntado si beben, cuánto beben y con qué frecuencia.
4. La mayoría de los encuestados ha tomado bebidas alcohólicas en alguna ocasión.
5. A Natalia le parece mal que los jóvenes beban alcohol.
6. Según Quique, emborracharse una vez no significa ser un alcohólico.
7. Quique dice que es malo beber cerveza.
8. Para Natalia, los accidentes de tráfico no se deben al consumo de alcohol.
9. Quique opina que la gente que bebe es más divertida.
10. A Natalia no le gustan las bebidas sin alcohol.

11. **Observa** [32]

a) Las siguientes expresiones sirven para expresar una opinión. Di en qué contexto se usan en el diálogo.

Creo que...	Supongo que...
Opino que...	Me parece que...
Pienso que...	

Ejemplo: Creo que eso está muy mal.

En este tipo de expresiones "que" tiene un uso distinto del visto en la página anterior. Introduce una oración subordinada sustantiva, que suele tener función de objeto directo o de sujeto.

Hay otros muchos verbos que a menudo se usan seguidos de este tipo de oraciones. Escucha de nuevo el diálogo y fíjate en el uso de los verbos *saber, decir* y *preguntar.* ¿Sabrías repetir las oraciones que siguen a estos verbos en el diálogo?

Observa que las oraciones que siguen al verbo *preguntar,* en lugar de empezar por "que", comienzan por "si" o por un interrogativo: *qué, quién, cuál, cómo, cuánto, cuándo, dónde, adónde, por qué,* etc.

b) Las siguientes expresiones sirven para mostrar acuerdo o desacuerdo. ¿Cuáles de ellas se usan en el diálogo?

Acuerdo	Desacuerdo	Acuerdo relativo
Así es.	No es así.	
Estoy de acuerdo.	No estoy de acuerdo.	Sí, quizás sí.
Tienes razón.	Estás equivocado/a.	Sí, puede ser.
Es cierto.	No es cierto.	Puede que sí.
Es verdad.	No es verdad.	Sí, pero...

12. **Conversa**

Habla con tus compañeros. Uno pregunta la opinión de los demás sobre algún tema que os interese. Cada uno opina y muestra su acuerdo o desacuerdo con las opiniones de los demás, usando para ello las expresiones vistas en el ejercicio anterior.

Ejemplo:
► ¿Qué opináis de la monarquía?
▷ Supongo que a mucha gente le parece bien, pero yo pienso que es algo anticuado.
► Sí, así es. Yo opino que es mejor tener un presidente elegido por el pueblo.
▷ Creo que eso no es verdad. A mí me parece que un monarca puede representar al pueblo.
► Opino que estás equivocado. Yo estoy en contra de la monarquía.

13. Lee

El amigo invisible

► ¿En tu clase hacéis el juego del amigo invisible?

▷ No. ¿Qué juego es ese?

► ¿No lo conoces? Nosotros lo hacemos antes de las vacaciones de Navidad. Primero hay que escribir en trozos de papel los nombres de todos los compañeros. Luego, cada uno coge un papel, mira el nombre que le ha tocado y prepara un regalo para ese compañero.

▷ ¿Y todos reciben un regalo?

► Claro: cada chico o chica de la clase tiene que hacer un regalo y cada uno recibe a su vez un regalo de algún compañero. Por ejemplo, si yo cojo el papel con tu nombre, te hago un regalo a ti. Y si tú coges el que tiene el mío, me haces un regalo a mí. ¿Entiendes?

▷ Sí, parece divertido.

► Este año, Germán le ha regalado a Horacio un cuaderno con la foto de su equipo de fútbol preferido y Horacio me ha regalado este boli con mi nombre. A mí me ha tocado hacerle un regalo a Ana, nuestra profesora tutora. Le he regalado una postal de mi ciudad con la firma de todos los alumnos del grupo como recuerdo.

▷ ¿Y le ha gustado?

► Sí, creo que sí.

14. Observa

Algunos verbos suelen llevar, además de complemento de objeto directo, también un complemento de objeto indirecto.

Vamos a analizar gramaticalmente la siguiente frase. Hay que decir qué función tiene cada palabra o grupo de palabras y qué relación tienen entre ellas:

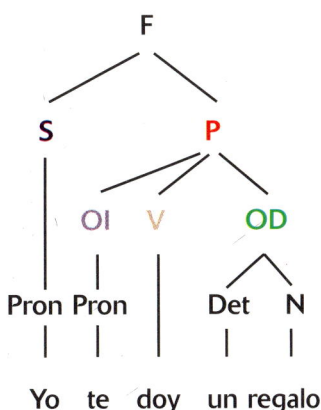

```
                    F
                  /   \
                 S     P
                 |    /|\
                 |  OI V OD
                 |  |  |  / \
               Pron Pron Det N
                 |  |  |   |  |
                Yo  te doy un regalo
```

"Yo" es el **sujeto (S)** de la frase y "te doy un regalo" es el **predicado (P)**.
"Doy" es el verbo (V). "Un regalo" y "te" son complementos del verbo: "un regalo" es el complemento de **objeto directo (OD)** y "te" es el complemento de objeto indirecto (OI).

A menudo el complemento de objeto indirecto puede aparecer representado dos veces en la frase:
* Yo le he regalado una postal a Ana.

En esta frase, tanto "le" como "a Ana" hacen la función de objeto indirecto y se refieren a la misma persona. Lo mismo ocurre en las siguientes frases:
* A Horacio le han regalado un cuaderno.
* Le han regalado un cuaderno a Horacio.

15. Relaciona

Copia la tabla en tu cuaderno y complétala con los pronombres de sujeto y de objeto directo de cada persona gramatical, que ya conoces de unidades anteriores. Luego, descubre en los ejemplos cuáles son los pronombres de objeto indirecto que se usan para cada persona y añádelos en la columna de la derecha.

- A nosotros nos han dicho eso.
- A ti te han dado un rotulador nuevo.
- ¿Os han hecho muchas preguntas?
- A mí me han regalado un boli. ¿Y a ti qué te han regalado?
- Le van a pedir a Alicia la dirección de su casa.
- A Laura y Paloma ya les han entregado las notas.
- A Ángel le van a comprar una bicicleta.
- ¿A los chicos de tu clase les han puesto muchos deberes?

		Pronombres de sujeto	Pronombres de objeto directo	Pronombres de objeto indirecto
Singular	1ª pers.		me	
	2ª pers.			te
	3ª pers. masc.		lo (le)	
	3ª pers. fem.	ella		
Plural	1ª pers.	nosotros, -as		
	2ª pers.			os
	3ª pers. masc.	ellos		
	3ª pers. fem.			les

16. Observa

1. Fíjate en los siguientes ejemplos y observa que cuando se usan juntos un pronombre de objeto directo y uno de objeto indirecto:

   a) el pronombre de objeto indirecto va primero;
   b) para la tercera persona se usa el pronombre "se" en lugar de "le" o "les".

Me ha dicho un secreto. ➡ Me lo ha dicho.
Te he preguntado tu dirección. ➡ Te la he preguntado.
Le he dado un consejo. ➡ Se lo he dado.
Nos ponen deberes todos los días. ➡ Nos los ponen todos los días.
Os recomiendo esa película. ➡ Os la recomiendo.
Les han cobrado las entradas. ➡ Se las han cobrado.

2. Como ya hemos visto para los pronombres de objeto directo, también los de objeto indirecto se colocan detrás del verbo y unidos a él cuando este está en infinitivo, gerundio e imperativo.
3. Observa el uso de las tildes cuando la palabra resultante de unir el verbo con uno o más pronombres es esdrújula.

Van a ofrecer el trabajo a Blanca. ➡ Van a ofrecerle el trabajo.
➡ Van a ofrecérselo.

Están pagando la compra a la cajera. ➡ Están pagándole la compra.
➡ Están pagándosela.

Explicad el problema a vuestros compañeros. ➡ Explicadles el problema.
➡ Explicádselo.

Hoy es domingo y está lloviendo. Marisa y Guille están en casa con sus padres, José y Victoria. Entre todos están ordenando el trastero.

Victoria:	A ver, niños... ¿De quién son estos patines? ¿Son *tuyos*, Guille?
Marisa:	No, creo que son *míos*.
Guille:	Sí, son de Marisa. Los patines *míos* están en mi dormitorio. Además, los *suyos* son más viejos.
José:	¿Y este casco de montar en bici, de quién es?
Guille:	No sé, no lo había visto nunca.
José:	¿Cómo? ¿No es *vuestro*?
Marisa:	No, no es *nuestro*. Es de Hugo, el vecino. Se lo dejó olvidado un día.
José:	Pues ve ahora mismo a su casa a llevárselo.
Victoria:	¿Y este paraguas, cariño?
José:	Creo que es de tus padres.
Victoria:	¡Ah, sí! Es *suyo*, es verdad. ¿Y estas botas de montaña?
José:	Son *mías*, pero son muy viejas. Mira, están rotas.
Victoria:	Sí, están para tirar. ¡Aquí hay mucho trasto viejo que no sirve para nada!
Guille:	¡Claro, Mamá! Por eso se llama trastero.
Victoria:	¡Ay, Guille! ¡Tú sí que eres un trasto, hijo *mío*! Ten, lleva esta caja de juguetes a tu habitación.
Guille:	¿A la *mía*? ¡Pero si son de Marisa!
Victoria:	Pues entonces a la *suya*. Mientras, voy a prepararos una merienda estupenda...

18. **Observa**

Fíjate en las palabras coloreadas del diálogo. Son los posesivos tónicos. Se usan como pronombres o bien acompañando al sustantivo cuando van detrás de él. Copia la tabla en tu cuaderno y coloca cada palabra en su sitio.

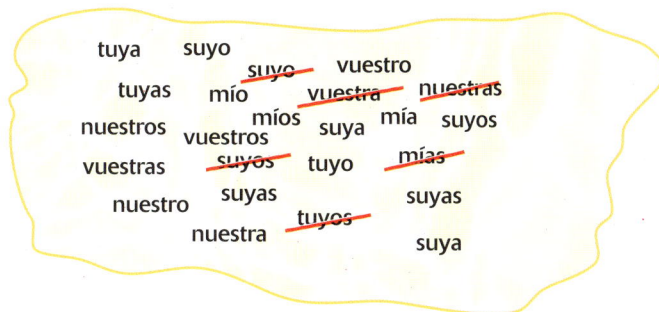

tuya   suyo
~~suyo~~   vuestro
tuyas   mío   ~~vuestra~~   ~~nuestras~~
nuestros   ~~míos~~   suya   mía   suyos
vuestros
vuestras   ~~suyos~~   tuyo   ~~mías~~
nuestro   suyas   suyas
~~tuyos~~
nuestra   suya

Posesivos tónicos				
		Masc. singular	Fem. singular	Masc. plural	Fem. plural
Singular	1ª p.				mías
	2ª p.			tuyos	
	3ª p.	suyo			
Plural	1ª p.				nuestras
	2ª p.		vuestra		
	3ª p.			suyos	

19. **Analiza**

Indica a qué se refiere cada uno de los posesivos que aparecen coloreados en el diálogo y cuál es el poseedor.
Ejemplo:

Posesivo	Se refiere a...	Poseedor...
tuyos	estos patines	Guille

Comunidades Autónomas y municipios: La organización territorial del Estado

España es un Estado descentralizado formado por **Comunidades Autónomas**. Existen en total diecisiete comunidades autónomas, a las que hay que añadir las dos ciudades autónomas de Ceuta y Melilla. Del mismo modo que la organización del Estado está establecida en la Constitución, la organización de las instituciones propias de cada comunidad se recoge en sus respectivos **Estatutos de autonomía**. Las principales instituciones de autogobierno son en general el parlamento y el gobierno autonómicos. Sus responsables son elegidos mediante las elecciones autonómicas. El gobierno autonómico recibe distintos nombres en las diferentes comunidades. Así, se denomina "Junta" en Andalucía, en Castilla y León y en Extremadura, "Xunta" en Galicia, "Junta de Comunidades" en Castilla-La Mancha, "Generalitat" en Cataluña y en la Comunidad Valenciana, "Govern" en las Islas Baleares, "Diputacion Foral" en Navarra, "Diputación General" en Aragón y simplemente "Gobierno" en la Comunidad de Madrid, el País Vasco, La Rioja, Cantabria, el Principado de Asturias, la Región de Murcia y Canarias.

Por otro lado, el territorio español se divide en miles de municipios. Algunos corresponden a ciudades grandes o medianas; otros, en cambio, están encabezados por pequeñas poblaciones. El gobierno local de los municipios corresponde a sus **ayuntamientos**, elegidos a través de las elecciones municipales. El **alcalde** o **alcaldesa** es la persona que preside cada ayuntamiento y su equipo de gobierno está formado por los **concejales**.

Existen, finalmente, en algunas comunidades autónomas, corporaciones de ámbito intermedio entre estas y los municipios. Se trata de las **diputaciones provinciales**, los **cabildos** o **consejos insulares** (en Canarias y las Islas Baleares respectivamente), así como las **comarcas**, las mancomunidades o asociaciones de municipios y también las **áreas metropolitanas**, integradas por los municipios pertenecientes a grandes aglomeraciones urbanas.

Puede decirse, por tanto, que en España la administración está compuesta por un auténtico mosaico de instituciones de diversa índole. Esto supone una complejidad importante y las relaciones entre los responsables de las diversas instancias de gobierno no siempre son fáciles. Sin embargo, este sistema presenta la ventaja de que los asuntos de interés local o regional pueden ser abordados por instituciones próximas a los ciudadanos.

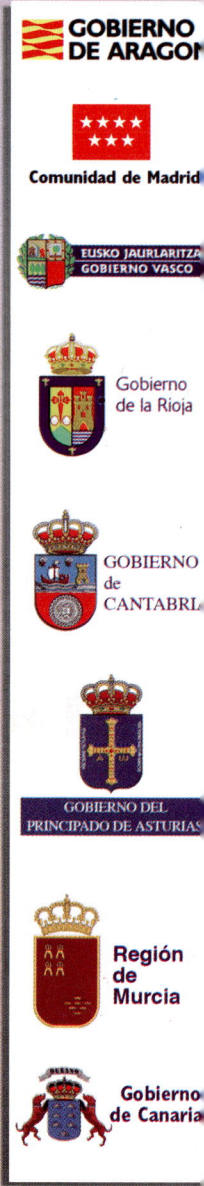

21. Relaciona

Encuentra la definición adecuada para cada término de la columna izquierda.

1. ayuntamiento
2. comunidad autónoma
3. estatuto
4. concejal
5. alcalde
6. constitución

a) ley fundamental de la organización de un estado
b) ley fundamental de una comunidad autónoma
c) territorio formado por provincias y dotado de órganos de autogobierno
d) gobierno local
e) miembro del equipo de gobierno de un ayuntamiento
f) presidente de un ayuntamiento

22. Investiga

a) Averigua cuáles son las instituciones y órganos de gobierno de tu comunidad autónoma y del lugar donde vives.
b) Busca en Internet las páginas de tu ayuntamiento y de las instituciones autonómicas de tu comunidad.
c) ¿Cómo se llama el presidente o la presidenta de tu comunidad? ¿Y el alcalde o alcaldesa de tu ayuntamiento?
d) ¿Cómo son los escudos de tu comunidad y tu municipio? Dibújalos.

Aquí y allá

23. Lee

Declaración Universal de los Derechos Humanos
(Fragmentos adaptados y resumidos)

Artículo 1: Todos los seres humanos nacen libres e iguales en dignidad y derechos y deben comportarse fraternalmente los unos con los otros.

Artículo 2: Toda persona tiene todos los derechos y libertades proclamados en esta Declaración, sin distinción de raza, color, sexo, idioma, religión, opinión política o de cualquier otro tipo, origen nacional o social, posición económica, nacimiento o cualquier otra condición.

Artículo 3: Todo individuo tiene derecho a la vida, a la libertad y a la seguridad de su persona.

Artículo 5: Nadie será sometido a torturas ni a penas o tratos crueles, inhumanos o degradantes.

Artículo 7: Todos son iguales ante la ley y tienen, sin distinción, derecho a igual protección de la ley.

Artículo 9: Nadie podrá ser arbitrariamente detenido, preso ni desterrado.

Artículo 11: Toda persona acusada de delito tiene derecho a ser considerada inocente mientras no se pruebe su culpabilidad, conforme a la ley y en juicio público celebrado con todas las garantías necesarias para su defensa.

Artículo 13: Toda persona tiene derecho a circular libremente y a elegir su residencia en el territorio de un Estado. Toda persona tiene derecho a salir de cualquier país, incluso del propio, y a regresar a su país.

Artículo 14: En caso de persecución, toda persona tiene derecho a buscar asilo, y a disfrutar de él, en cualquier país.

Artículo 15: Toda persona tiene derecho a una nacionalidad. A nadie se privará arbitrariamente de su nacionalidad ni del derecho a cambiar de nacionalidad.

Artículo 16: Los hombres y las mujeres tienen derecho a casarse y disfrutarán de iguales derechos en el matrimonio.

Artículo 17: Toda persona tiene derecho a la propiedad. Nadie será privado arbitrariamente de su propiedad.

Artículo 18: Toda persona tiene derecho a la libertad de pensamiento, de conciencia y de religión.

Artículo 19: Todo individuo tiene derecho a la libertad de opinión y de expresión.

Artículo 21: Toda persona tiene derecho a participar en el gobierno de su país, directamente o por medio de representantes libremente escogidos.

Artículo 22: Toda persona, como miembro de la sociedad, tiene derecho a la seguridad social.

Artículo 23: Toda persona tiene derecho al trabajo y a la protección contra el desempleo. Toda persona tiene derecho, sin discriminación alguna, a igual salario por trabajo igual.

Artículo 24: Toda persona tiene derecho al descanso, al disfrute del tiempo libre, a una limitación razonable de la duración del trabajo y a vacaciones periódicas pagadas.

Artículo 25: Toda persona tiene derecho a un nivel de vida adecuado que le asegure la salud y el bienestar, y en especial la alimentación, el vestido, la vivienda, la asistencia médica y los servicios sociales necesarios.

Artículo 26: Toda persona tiene derecho a la educación. La educación debe ser gratuita, al menos en lo concerniente a la instrucción elemental y fundamental. La instrucción elemental será obligatoria. La educación favorecerá la comprensión, la tolerancia y la amistad entre todas las naciones y todos los grupos étnicos o religiosos.

(La Declaración de los Derechos Humanos fue adoptada por la Asamblea General de las Naciones Unidas en 1948)

24. Relaciona

Di qué artículos de la Declaración tratan de: a) la igualdad entre las personas, b) el derecho a la justicia, c) el derecho a ir de un país a otro, d) el derecho al matrimonio, e) el derecho al trabajo y f) el derecho a la educación.

25. Conversa

¿Crees que los derechos recogidos en la Declaración se cumplen siempre? ¿Puedes dar ejemplos de casos en que no se cumplan, ya sea en España o en otros países? Discútelo con tus compañeros. Usa las expresiones que has aprendido en esta unidad para expresar tu acuerdo o desacuerdo con las opiniones de los demás.

Unidad 13

En esta unidad...

- Expresar admiración, interés, alegría, pena, etc. Exclamaciones

  ¡Qué grande!
  ¡Cuánta gente!

  ¡Cómo corre!
  ¡Menos mal!

  ¡Qué mal!

- **Números romanos y abreviaturas**

  VI   XIX   DC...

  Sra.   Prof.   E. S. O.
  EE. UU.   a. C.   n.º
  etc.

- Hablar de hechos o acciones del pasado El pretérito indefinido

  comí, escribiste, preparó, levantamos, llamasteis, compraron...

  fui, estuviste, puso, quisimos, dijiste, hicieron...

Y al final de esta unidad...

Un mundo de todos: Historias del mundo

Reúne información sobre un acontecimiento histórico de cualquier país del mundo y elabora un trabajo para exponerlo en clase oralmente o mediante un póster. Presta atención a las exposiciones de tus compañeros y pregúntales lo que desees saber sobre el tema elegido por cada uno.

Antes de empezar

1. ¿Qué sabes decir?

2. Observa y completa

¿Conoces los números romanos? En español se usan, entre otras cosas, para numerar los siglos (un siglo es un período de 100 años). Copia el gráfico en tu cuaderno y complétalo con los números romanos indicados a continuación.

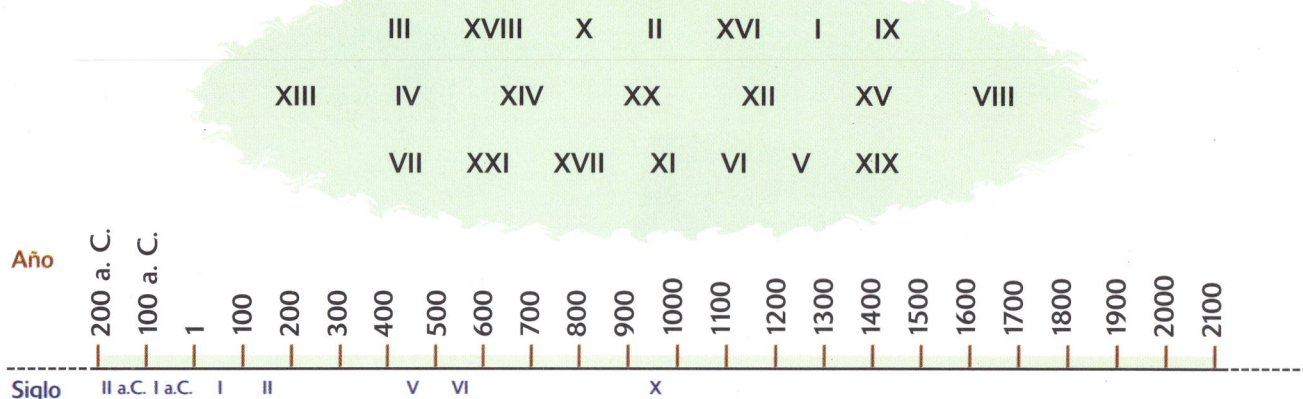

III   XVIII   X   II   XVI   I   IX

XIII   IV   XIV   XX   XII   XV   VIII

VII   XXI   XVII   XI   VI   V   XIX

Año	200 a. C.	100 a. C.	1	100	200	300	400	500	600	700	800	900	1000	1100	1200	1300	1400	1500	1600	1700	1800	1900	2000	2100
Siglo	II a.C.	I a.C.	I	II				V	VI				X											

Observa que los números romanos tienen también otros usos, como, por ejemplo, para referirse a personas del mismo nombre (especialmente reyes, papas, etc.), a los distintos volúmenes de una obra, a las partes de un libro o a algunas de sus páginas: El capítulo VIII del libro está dedicado al reinado de Alfonso XIII.

3. Averigua y escribe

Muchas palabras y expresiones de uso frecuente suelen escribirse mediante **abreviaturas**. ¿Sabes qué significan las siguientes? Escribe en tu cuaderno la expresión completa a la cual se refiere cada abreviatura. Usa el diccionario y consulta, si es necesario, con tu profesor.

D. D.ª	I. E. S. E. S. O. A. M. P. A.	a. C. d. C.
Sr. Sra. Srta.	U. E. EE. UU. JJ. OO. CC. AA.	n.º / núm. pág. p. ej. etc.
Dr. Dra. Prof.	S. M. SS. MM.	
Ud.		

Ejemplo: Sr. ➡ Señor

Fíjate cómo en algunos casos se usan letras dobles para indicar que las palabras que representan están en plural: CC. AA., EE. UU., JJ. OO., SS. MM.

4. Escribe

Escribe las siguientes frases usando abreviaturas.

Ejemplo: España pertenece a la Unión Europea. ➡ España pertenece a la U. E.

a) Los Juegos Olímpicos de 2004 se celebraron en Atenas.
b) Esta tarde ponen en televisión el partido España - Estados Unidos.
c) "Hágalo Usted mismo: Guía de bricolaje".
d) Estoy estudiando 1º de Educación Secundaria Obligatoria.
e) Sus Majestades los Reyes presidieron el acto de entrega de premios.
f) Doctor Juan García Aguirre, Médico Pediatra.
g) La conquista de Hispania por las tropas romanas se produjo a finales del siglo III antes de Cristo.
h) Esta carta está dirigida a la Señora Doña Ana Rodríguez López.
i) Asociación de Madres y Padres de Alumnos del Instituto de Enseñanza Secundaria "Joaquín Costa".
j) Hay que hacer el ejercicio de la página 32.

5. **Escucha y elige** 🔘 [34]

Escucha el diálogo y selecciona la opción correcta.

a) ¿Dónde **nació** Chen?

    i) En un pueblo en las montañas.   ii) En una ciudad de la costa.   iii) En la capital de China.

b) ¿Adónde **se trasladó** su familia?

    i) A Pekín.   ii) A Hong Kong.   iii) A Shanghai.

c) ¿Cuánto tiempo **vivió** Chen allí?

    i) Ocho años.   ii) Cuatro años.   iii) Dos años.

d) ¿Quién **viajó** primero a España?

    i) Los padres de Chen.   ii) El tío Xu.   iii) La hermana de Chen.

e) ¿Dónde **aprendió** Chen el español?

    i) Trabajando en la tienda.   ii) Estudiando en el instituto.   iii) Jugando en la calle.

6. **Observa, clasifica y conjuga**

a) Fíjate en las formas verbales que aparecen escritas en negrita en el ejercicio anterior. Son formas del **pretérito indefinido**. Usamos el pretérito indefinido para referirnos a hechos y acciones del pasado.

b) Observa las siguientes formas verbales que aparecen en el diálogo. Se trata de formas regulares del pretérito indefinido. Fíjate en las terminaciones de cada una. ¿Sabrías indicar a qué persona gramatical corresponde cada una?

    Ejemplo: *encontraron* ➡ *3ª persona del plural*

1ª conjugación	2ª conjugación	3ª conjugación
(adapt**ar**, encontr**ar**, estudi**ar**, llam**ar**, trabaj**ar**, traslad**ar**, viaj**ar**)	(aprend**er**, nac**er**)	(abr**ir**, cumpl**ir**, escrib**ir**, viv**ir**)

1ª conjugación: encon**traron** viaj**ó** adapt**asteis** viaj**amos** viaj**aste** estudi**é** traslad**ó** trabaj**aron** llam**aron**

2ª conjugación: aprend**ieron** nac**iste** aprend**isteis** aprend**imos** aprend**í** nac**í** nac**ió**

3ª conjugación: viv**imos** viv**iste** abr**ieron** viv**isteis** cumpl**í** escrib**ió**

c) ¿Sabrías conjugar en todas las personas el pretérito indefinido de cada uno de los verbos del apartado anterior?

    Ejemplo: adaptar ➡ adapté, adaptaste...

d) Copia el siguiente cuadro en tu cuaderno y complétalo.

	-AR	HABLAR	-ER	COMER	-IR	VIVIR
(YO)	-é					
(TÚ)		hablaste				
(ÉL, ELLA)			-ió			
(NOSOTROS/ -AS)				comimos		
(VOSOTROS/ -AS)					-isteis	
(ELLOS/ -AS)						vivieron

7. Lee

La fiesta de Iván

El lunes pasado fue el cumpleaños de Iván, nuestro compañero ruso. Hizo una fiesta en su casa. Sus amigos del instituto le compramos un disco de su grupo favorito. Tuvimos que ir a varias tiendas antes de encontrarlo. Finalmente, fuimos a la fiesta. Cuando le dimos el disco, lo puso y dijo que era fantástico. Estuvimos allí toda la tarde, escuchando música, charlando y riéndonos como locos. Fue la fiesta más divertida que recuerdo.

8. ¿Verdadero o falso?

Di cuáles de las siguientes frases son verdaderas y cuáles falsas.

a. Iván cumplió años hace dos semanas.
b. La fiesta de Iván fue en el instituto.
c. Sus compañeros le compraron un disco.
d. Encontrar el disco no fue fácil.
e. A Iván no le gustó el disco.
f. Los amigos de Iván charlaron y se rieron mucho.

9. Relaciona

¿A qué verbos pertenecen las siguientes formas verbales del texto?

tuvimos   fue   estuvimos
fuimos   puso
dimos   hizo   dijo

ser   estar   poner
ir   hacer
tener   decir   dar

Ejemplo: *tuvimos* ➔ *tener*

10. Observa y completa

a) Fíjate en estos verbos. Sus formas de pretérito indefinido son irregulares. Copia el cuadro de la página siguiente en tu cuaderno y complétalo con las formas que faltan.

tuvisteis   ~~fuiste~~   estuvimos   vinieron   fui   estuvo
fuimos   hicisteis   ~~fueron~~   estuviste   tuve   dio   puso
estuvieron   quisisteis   hicimos   tuviste   ~~estuve~~   fue   tuvieron
di   estuvisteis   pusimos   fuiste   diste   fueron   fue   fui
~~disteis~~   vinimos   fuimos   dieron   hiciste   dije   dijo
~~pusisteis~~   fuisteis   hicieron   ~~tuvimos~~   puse   ~~dijiste~~
~~hizo~~   dijeron   fuisteis   hice   dimos   quiso   pusiste
quisiste   tuvo   dijisteis   pusieron   dijimos   quise   quisieron
viniste   ~~vine~~   vinisteis   vino   ~~quisimos~~

	SER	ESTAR	TENER	IR	DAR	HACER	DECIR	PONER	QUERER	VENIR
(YO)		estuve								vine
(TÚ)	fuiste						dijiste			
(ÉL/ELLA)						hizo				
(NOSOTROS/AS)			tuvimos						quisimos	
(VOSOTROS/AS)					disteis			pusisteis		
(ELLOS/AS)				fueron						

b) Hay dos verbos que se conjugan igual en pretérito indefinido. ¿Sabes cuáles son?

11. Observa y relaciona

Relaciona las dos partes de cada conversación. Fíjate en las expresiones coloreadas: se usan a menudo para hablar del pasado. Observa cómo en la columna de la derecha se usa el pretérito perfecto para acciones del pasado relacionadas con el presente.

- Ayer conocí a la hermana de Teresa.
- ¿Me llamasteis anoche por teléfono?
- El mes pasado vimos *Las aventuras del Capitán Alatriste*.
- ¿Regaste las plantas el viernes (pasado)?
- Vi a Miguel y Margarita en febrero.
- ¿Eso no lo escribiste el año pasado?
- Beatriz trabajó aquí en 2001.
- Hace un rato Ana nos contó un chiste divertidísimo.
- Hace tres días comimos en el restaurante nuevo de mi calle.
- ¿Solucionó el problema hace tiempo?

- No, te hemos llamado esta mañana.
- ¿Cuándo lo han abierto?
- No puede ser: siempre ha trabajado en el bar.
- No, yo nunca he escrito eso.
- Yo la he visto esta semana.
- No, lo he hecho esta tarde.
- Pues a mí aún no me lo ha contado.
- Yo no los he visto todavía.
- No, todo se ha resuelto en estos días.
- Yo la he conocido hoy.

12. Clasifica

¿Cuáles de las siguientes expresiones usarías con el pretérito indefinido? ¿Y con el pretérito perfecto? Cópialas en dos listas en tu cuaderno.

esta mañana   este año   aún   en enero

este mes   esta primavera   en julio pasado   en el año 1492

el domingo pasado   hace tiempo   el 29 de mayo   ayer por la tarde

hace una semana   el lunes   en verano   hace cinco días

hace seis meses   ayer por la mañana   alguna vez   todavía   esta semana

esta tarde   hoy   el invierno pasado   en 1901   a las cinco y veinte

hace cien mil años   la semana pasada   hace nueve horas   ayer

el mes pasado   en estos días   anoche

Ejemplo:

Pretérito indefinido	Pretérito perfecto
en enero	esta mañana
...	este año
	...

13. Completa

Usa los verbos indicados entre paréntesis en las formas adecuadas de pretérito indefinido o pretérito perfecto.

a. ¿Esta semana _____ (ganar) vosotros el partido?

b. Esta tarde Pepe _____ (deshacer) las maletas y se ha ido a dar una vuelta.

c. Los chicos y yo _____ (limpiar) toda la casa hoy.

d. Ayer _____ (escribir) la redacción que me _____ (poner) el profesor.

e. Mi hermano y yo todavía no _____ (estar) nunca en Madrid.

f. Este canal de televisión _____ (reponer) de nuevo la película hace seis meses.

g. La profesora _____ (evaluar) el trabajo que _____ (hacer) todos los alumnos este trimestre.

h. Hace una semana _____ (exponer) mi trabajo en la clase de Ciencias.

i. Los conductores _____ (detener) sus vehículos a las ocho en punto.

j. Oye, Juan Antonio... ¿_____ (aprender) algo interesante hoy en el instituto?

Atención:

Los verbos derivados suelen conjugarse como el verbo a partir del cual se han formado.

Ejemplos:

■ **hacer**
Presente: hago, haces...
Pretérito indefinido: hice, hiciste...
Participio: hecho, hecha, hechos, hechas.
→ **deshacer**
Presente: deshago, deshaces...
Pretérito indefinido: deshice, deshiciste...
Participio: deshecho, -a, -os, -as.

■ **poner**
Presente: pongo, pones...
Pretérito indefinido: puse, pusiste...
Participio: puesto, puesta, puestos, puestas.
→ **exponer**
Presente: expongo, expones...
Pretérito indefinido: expuse, expusiste...
Participio: expuesto, -a, -os, -as.

---

14. Conversa

Inventa diálogos con tus compañeros usando algunas de las expresiones del ejercicio 12. Ten cuidado de usar el tiempo verbal adecuado en cada caso.

15. Juega

Tu profesor te dará el material necesario para jugar al *Juego de los Verbos*.

16. Relaciona

¿A qué situación crees que corresponde cada exclamación? Fíjate en las construcciones que usamos para expresar admiración, interés, alegría, pena, etc.

¡Qué grande está!   ¡Qué bueno está esto!   ¡Qué mal!

¡Cuántos libros tienes!   ¡Qué bien!   ¡Qué problema más difícil!

¡Qué bien dibujas!   ¡Qué guapa es!   ¡Qué chico tan guapo!

¡Cuánta gente!   ¡Qué bonito!   ¡Cómo corre!

17. Clasifica

¿Cuáles de las siguientes exclamaciones crees que tienen un sentido positivo y cuáles un sentido negativo? ¿Cuáles pueden expresar tanto una cosa como la otra? Cópialas en tu cuaderno clasificándolas en tres listas como en el ejemplo.

¡Menos mal!   ¡No me digas!   ¡Qué pena!   ¡Qué maravilla!

¡Qué increíble!   Qué desgracia!   ¡Qué alegría!   ¡Qué bien ha quedado!   ¡Qué suerte!

¡Qué lástima!   ¡Qué horror!   ¡Qué sorpresa!   ¡Qué bonito es!

¡Qué mala suerte!   ¡Qué mal!

Ejemplo:

Sentido positivo (+)	Sentido negativo (-)	Ambos (+/-)
¡Menos mal!	¡Qué pena!	¡No me digas!
...	...	...

18. Entre colegas

¿Conoces las expresiones de uso coloquial que aparecen a la izquierda? ¿A qué expresión formal de la derecha crees que corresponde cada una?

¡Qué rollo!   ¡Qué guay! / ¡Chachi!

¡Cómo mola!   ¡Qué movida!

¡Qué flipe!

¡Qué bonito!   ¡Qué mal!

¡Qué historia!   ¡Qué increíble!

¡Qué bien!

19. Conversa

Inventa con un compañero un diálogo utilizando algunas de las exclamaciones de los ejercicios anteriores. Represéntalo.

La historia de España: Una encrucijada de culturas

La Península Ibérica estuvo habitada desde muy antiguo por diversos pueblos que podemos agrupar bajo la denominación de celtas e iberos. Desde el siglo XI a. C. estos pueblos tuvieron contacto comercial y cultural con varias civilizaciones mediterráneas como los fenicios y los griegos y, más tarde, a partir de mediados del siglo III a. C. con los cartagineses y los romanos.

Desde el siglo II a. C. y durante unos setecientos años, Hispania formó parte del imperio romano. Los romanos trajeron su lengua, el latín, que con el tiempo dio origen al castellano, así como al gallego-portugués y al catalán. De Roma, España heredó también la religión y las costumbres. A comienzos del siglo V nuevos pobladores de origen germánico procedentes del norte se asentaron en la península. Estos pueblos, conocidos como visigodos, establecieron rápidamente su dominio. Tanto en la época romana como en la visigótica y más tarde en la musulmana, algunos pueblos del norte peninsular (vascos, cántabros y astures) se resistieron a las sucesivas conquistas.

A principios del siglo VIII, se produjo la llegada, a través del estrecho de Gibraltar, de tropas árabes y bereberes. En pocas décadas los musulmanes ocuparon la mayor parte del territorio. En la España musulmana, que se llamó Al-Ándalus, se alcanzó un notable progreso científico y cultural, especialmente durante la época del Califato de Occidente. Córdoba se convirtió en el centro de este floreciente Estado.

El dominio musulmán duró cerca de siete siglos. Los pequeños reinos cristianos del norte de la Península, tras un extenso período de convivencia pacífica, reconquistaron el territorio mediante largas guerras que culminaron en 1492, bajo el reinado de los Reyes Católicos, con la toma del reino de Granada, último reducto de poder musulmán en la península. En ese mismo año, el navegante Cristóbal Colón descubrió América. La conquista del nuevo continente convirtió a España en el mayor imperio de occidente.

Durante el siglo XVI y primera mitad del XVII, España fue una potencia hegemónica en el mundo. Con la unión del territorio bajo una misma corona, comenzó a configurarse el Estado que hoy conocemos. La época de mayor esplendor fue la de los reinados de Carlos I y su hijo Felipe II. Tras la muerte en 1700 de Carlos II, el último rey de la dinastía de los Austrias, Felipe V inauguró la dinastía de los Borbones españoles.

La época de la Ilustración (siglo XVIII) se caracterizó por el equilibrio externo, las reformas y el desarrollo interior, que conocieron su apogeo durante el reinado de Carlos III. Las tropas del emperador francés Napoleón invadieron el país a comienzos del siglo XIX, provocando la Guerra de la Independencia, una guerra revolucionaria, en la que el pueblo tuvo una participación decisiva. La Constitución de Cádiz de 1812 reflejó la nueva situación, asumiendo como principio básico que la soberanía reside en la Nación.

El siglo XIX estuvo marcado por la independencia de las colonias de América y, en la política interna, por el enfrentamiento entre liberales y absolutistas y terminó con la pérdida definitiva de los últimos restos del imperio colonial: Cuba y Filipinas. El siglo XX trajo conflictos que llevaron a la dictadura de Primo de Rivera, al exilio del rey Alfonso XIII y a la instauración de la República. El levantamiento militar del general Franco produjo el estallido de la Guerra Civil (1936-1939). La victoria de Franco abrió un largo período dictatorial que duró hasta 1975, durante el cual el país vivió bajo un férreo control político y prácticamente aislado internacionalmente. La persecución, la miseria y el hambre de la posguerra empujaron a muchos españoles a emigrar a otros países.

No obstante, la década de los sesenta conoció un incipiente desarrollo económico y, tras la muerte del dictador, las distintas fuerzas políticas emprendieron un proceso de transición a la democracia considerado modélico. Con Juan Carlos I como rey de todos los españoles, se sentaron las bases de un Estado social y democrático de derecho, que se plasmó en la Constitución de 1978. La incorporación de España a la Unión Europea en 1986 marcó el final de su aislamiento internacional y, junto con la consolidación de las instituciones democráticas, impulsó su progreso económico y social.

21. Relaciona

Los siguientes subtítulos corresponden a los distintos párrafos del texto, pero están desordenados. Indica a qué párrafo corresponde cada uno.

La Ilustración y la Guerra de Independencia

La época prerromana

El imperio español

La Hispania romana y la llegada de los visigodos

La España actual

La Reconquista

La España musulmana

De la Constitución de Cádiz a la posguerra civil

22. Relaciona

Busca en qué contexto aparecen las palabras de la izquierda en la lectura e intenta encontrar la expresión equivalente a cada una entre las que aparecen a la derecha.

denominación (párr. 1)	de hierro, duro
mediados (párr. 1)	mitad
con el tiempo (párr. 2)	llamado
asentarse (párr. 2)	serie de reyes de una misma familia
conocido como (párr. 2)	cambio
culminar (párr. 4)	terminar
configurarse (párr. 5)	instalarse, establecerse
dinastía (párr. 5)	comenzar
reforma (párr. 6)	que empieza
férreo (párr. 7)	nombre
miseria (párr. 7)	pobreza
incipiente (párr. 8)	formarse
emprender (párr. 8)	más tarde

Aquí y allá

23. Lee

Las columnas de Hércules

Según la leyenda fue Hércules, el famoso héroe de la mitología griega, quien separó las rocas que hoy forman los dos peñones de Gibraltar y de Ceuta y que se alzan a ambos lados del estrecho que une el Mediterráneo con el océano Atlántico.

Pero ¿qué hacía Hércules tan lejos de su Grecia natal? Cuenta la leyenda que el rey Euristeo encomendó al héroe la realización de doce trabajos en los cuales Hércules debió emplear todas sus fuerzas además de poner en juego su ingenio. Dos de estos trabajos tuvieron lugar en las cercanías de Gibraltar: la captura de los bueyes del gigante Gerión, que vivía en una isla próxima, y el robo de las manzanas de oro del jardín de las Hespérides, vigiladas por un temible dragón.

Para conmemorar sus aventuras, Hércules levantó las dos grandes rocas que flanquean el estrecho de Gibraltar. Con ello, dejó un paso abierto a los navegantes, que pudieron a partir de entonces pasar más allá (en latín, *plus ultra*) de los límites del mar Mediterráneo y adentrarse en el desconocido Océano. Es por ello que esas dos grandes rocas se conocen hoy como las columnas de Hércules y están representadas en el escudo de España junto con el lema *plus ultra*.

24. Conversa

a) Cuenta a tus compañeros algo de la historia de tu país de origen. Escucha lo que ellos te contarán sobre la historia de sus propios países.

b) Aparte de los hechos históricos, ¿conoces mitos o leyendas tradicionales de tu país? ¿Sabrías contárselos a tus compañeros? Pregúntales por las historias legendarias que ellos conocen y escucha cómo las cuentan.

Unidad 14

En esta unidad...

- Describir situaciones del pasado
  El pretérito imperfecto

> antes..., en aquellos años...,
> por aquel entonces...

> nadaba, corrías, hablaba,
> comíamos, vivíais, escribían...

> veía, íbamos, eran...

> Cuando tú venías, yo iba.

> Siempre que llovía,
> nos mojábamos.

- Expresar simultaneidad

- El progreso científico y tecnológico
  La preservación del medio ambiente

> Mientras jugábamos,
> ellos hacían los deberes.

Y al final de esta unidad...

Un mundo de todos: Personajes del mundo

Junta información sobre un personaje famoso de cualquier época: su biografía, su retrato, imágenes de personas, lugares y objetos relacionados con esa persona, etc. Puede tratarse de alguien que haya destacado en las artes o la literatura, en el pensamiento, en las ciencias, etc.

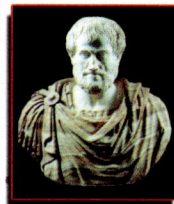

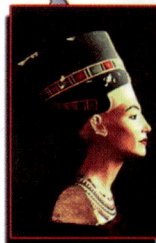

Antes de empezar

1. ¿Qué sabes decir?

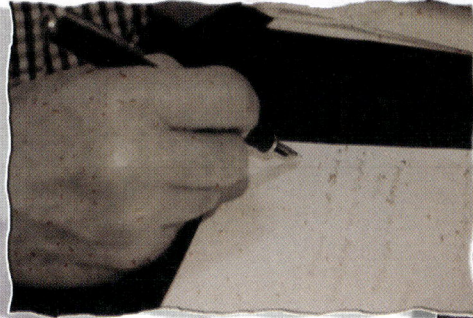

2. Relaciona

Los siguientes dibujos corresponden a diversos inventos del siglo XX. ¿Conoces sus nombres?

láser   cámara de vídeo
nave espacial   impresora
lavadora   satélite artificial
        aire acondicionado   CD
radar   aspirador   motocicleta
        teléfono móvil   cámara digital
avión   televisor   ordenador
                automóvil

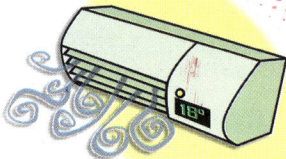

3. **Escucha** 🔵 [35]

Después de escuchar el diálogo entre Silvia y su abuelo, fíjate en estas expresiones que se usan para describir una situación del pasado:

Cuando tú **eras** pequeño... / Cuando yo **era** pequeño...

Cuando mi tío **venía** de vacaciones...

Entonces... / Por aquel entonces...

Antes... / En aquellos años... / En aquella época...

vivías, queríamos, jugabais, escuchábamos...

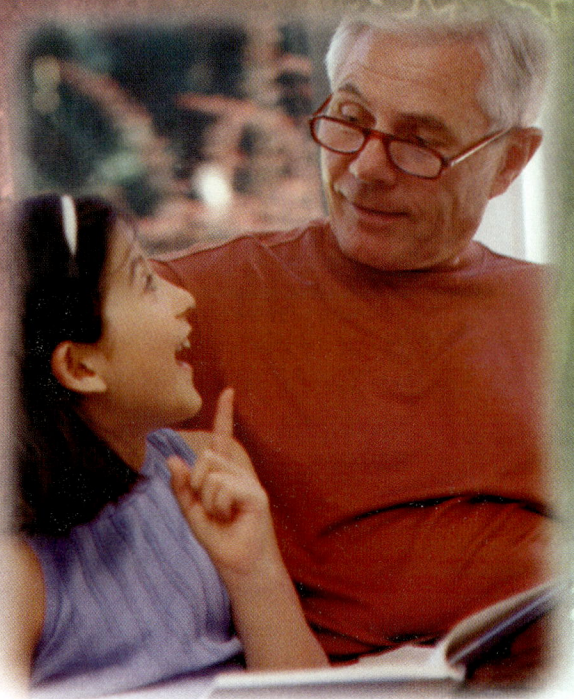

4. **Contesta** 🔵 [35]

Selecciona la respuesta adecuada.

a ¿Dónde **vivía** el abuelo cuando era pequeño?
    i. En la misma casa donde vive ahora.
    ii. En casa del tío Antonio.
    iii. En el pueblo, en casa de sus padres.
    iv. En Francia.

b ¿Cómo **se llamaba** la maestra?
    i. Doña Luisa.
    ii. Doña Manuela.
    iii. Doña Clara.
    iv. Doña Elisa.

c ¿Cómo **era** la maestra según el abuelo de Silvia?
    i. **Era** muy buena y nunca **se enfadaba**.
    ii. **Era** muy mala y siempre **estaba** enfadada.
    iii. **Era** muy buena pero a veces **se enfadaba**.
    iv. **Era** una auténtica bruja.

d ¿Qué le **gustaba** hacer al abuelo en su tiempo libre?
    i. **Ayudaba** a sus padres en casa.
    ii. **Visitaba** a sus primos.
    iii. **Leía** libros de aventuras.
    iv. **Veía** la televisión.

e ¿Qué **tenía** el abuelo cuando era pequeño?
    i. Una pelota.
    ii. Un televisor.
    iii. Muchos libros.
    iv. Una bicicleta

f Según el abuelo, ¿cómo **era** entonces la vida en España?
    i. Más o menos igual que ahora.
    ii. Más aburrida que ahora.
    iii. Más divertida que ahora.
    iv. Más difícil que ahora.

g ¿Por qué **viajaban** muchos españoles al extranjero?
    i. Porque **querían** conocer lugares nuevos.
    ii. Porque **tenían** familiares allí.
    iii. Porque **deseaban** aprender idiomas.
    iv. Porque en España no **había** trabajo para todos.

h ¿De qué **hablaba** el tío Antonio con los niños?
    i. Les **contaba** historias de su niñez.
    ii. Les **contaba** cosas de Francia.
    iii. Les **preguntaba** cómo les iba en el colegio.
    iv. El tío Antonio nunca **hablaba** con los niños.

i ¿Qué recuerdo tiene el abuelo de sus primos?
    i. Recuerda que **jugaba** a la pelota con ellos.
    ii. Recuerda que le **enseñaban** palabras en francés.
    iii. Recuerda que **eran** muy simpáticos y alegres.
    iv. Ya no se acuerda de ellos.

j ¿Por qué dice el abuelo que es bueno tener amigos de todas partes?
    i. Porque uno siempre tiene con quién jugar.
    ii. Porque te pueden ayudar si lo necesitas.
    iii. Porque siempre puedes aprender cosas de ellos.
    iv. Para no estar solo.

5. **Observa y decide**

Fíjate en las formas verbales destacadas en negrita en los dos ejercicios anteriores. Esos verbos están en pretérito imperfecto, un tiempo verbal que usamos para describir situaciones del pasado. ¿Cuáles de las siguientes terminaciones crees que son propias del pretérito imperfecto?

-ábamos	-asteis	-abais	-ó	-o
-íamos	-í	-ías	-ía	-aron	-ieron
	-aba	-ían	-aban	-aste

Cuando yo era joven

Nuestra casa como muchas otras del poblado, era una casita baja de ladrillos de barro encalados de blanco y marcos de ventana de madera pintados de azul que de año en año renovábamos por otros colores. Un modo de alegrar la casa y a nosotras con ella.

En el cajón de la mesilla de noche de su cuarto y en una caja de madera que había servido para guardar puros, la abuela conservaba las tres cartas que él le había enviado después de marcharse a la Península. Tres cartas, prometiendo que volvería. En la última, antes de dejar un último beso de tinta azul estampado sobre el papel con una muy bonita caligrafía, escribió...

"Recibe de mí lo que más quieras. Marta, te lo juro, un mes más y estoy ahí".

Pero el mes pasó. Y a ése, le siguieron otros. La bonita caligrafía comenzó a borrarse bajo alguna lágrima, mientras la abuela para consolarse decía y así lo repitió durante años:

- Se habrá muerto de un golpe.

- O de dos... –murmurábamos los nietos entre risas, porque cuando yo era niña, no me daba cuenta de cuán grande había sido el amor de la abuela por aquel hombre.

A veces, fumando en su pipa de madera dura, sentada en una vieja silla de enea (que estaba más coja que ella) y mirando las rocas que se adentraban en el mar, repetía en voz baja como para que nadie más que ella lo oyese, casi como un rezo o un suspiro:

- Juan Reinosa: no puedo creer que te hayas casado con otra; aquí te espero.

Y era... hasta lógico, ¿no?, cómo no iba a esperarlo, "porque el que se queda –opinaba ella– se queda con la mejor parte". O sea... pensaba yo, la abuela es tonta, el que se queda se queda con la selva y los vestidos de segunda mano de las hermanitas de la Caridad y la crecida oscura y devorante del río bajo la mirada indiferente de un día espléndidamente azul.

"Guinea es esto" afirmaba la abuela, mirando y abrazando el horizonte; y aunque no sabíamos bien a qué se refería seguro que me incluía a mí que en ese momento la estaba mirando con una gran sonrisa blanca bajo mi negro cabello encrespado peinado con lacitos de colores.

Otros días, me decía:

- Tienes... la sonrisa de tu abuelo, Juan Reinosa.

Pero no sólo tenía la sonrisa, esto lo supe luego, mientras los quince, los dieciséis, los diecisiete años me acercaban a la juventud, porque comencé a tener su ímpetu, su deseo de ver tierras nuevas, su coraje o... su inconsciencia.

La decisión de irme a España cogió a mi madre desprevenida. La abuela, algo más resignada, me vio marchar... y es seguro que por segunda vez pensó: "Ahí va Juan Reinosa", pero no lo dijo. Al menos, no a mí; de esto, hace ya varios años, mientras me daba un abrazo y me decía:

- Ve hija, ve con Dios.

(Fragmento del relato "Cuando yo era joven",
de la escritora Pilar Alberdi)

7. Analiza el texto

Lee las siguientes cuestiones sobre el texto e intenta responder a ellas con ayuda de tus compañeros y del profesor. Luego contéstalas individualmente por escrito. Puedes escribir un breve párrafo de dos o tres líneas como respuesta a cada uno de los puntos que se plantean a continuación.

a. El relato está narrado en primera persona, es decir que la persona que lo cuenta habla de cosas que le han ocurrido a ella misma. ¿En qué épocas de la vida de la narradora sucedieron los hechos que se mencionan?

b. ¿En qué país ocurre la historia? ¿Cómo imaginas el lugar en que está situada la casa del relato? ¿Qué cosas se mencionan en el texto que nos permiten suponer cómo era ese lugar?

c. ¿Quién era Juan Reinosa? ¿Adónde se marchó? ¿Por qué crees que lo hizo?

d. ¿Qué recuerdos conserva la abuela de Juan Reinosa?

e. ¿Por qué pensaba la niña que la abuela era tonta? ¿En qué difieren las visiones que ambos personajes tenían sobre aquel lugar? ¿Qué crees que sentía la abuela hacia su país? ¿Y la nieta?

f. ¿En qué se parecía de pequeña la niña del cuento a Juan Reinosa? ¿Y luego, al hacerse mayor, en qué otras cosas se le parecía?

g. ¿Qué crees que sintió la madre de la narradora cuando esta decidió irse a España? ¿Y la abuela?

8. Relaciona

a) ¿A qué palabra o expresión del texto corresponde cada uno de los siguientes dibujos?

ladrillo
marco
puros
lágrima
murmurar
pipa
silla de enea
selva
lazo

b) ¿A qué palabra o expresión del texto corresponde cada una de las siguientes definiciones?

- usado
- mezcla de tierra y agua
- rizado
- forma de escribir característica de una persona
- valor, valentía
- impulso, ganas intensas de hacer algo
- carácter irreflexivo
- población pequeña donde los habitantes se han instalado recientemente
- pintar de blanco con cal
- coger por sorpresa

poblado
coger desprevenido
caligrafía
de segunda mano
encrespado
ímpetu
inconsciencia
coraje
encalar
barro

9. Completa

Copia en tu cuaderno los siguientes esquemas y complétalos con las formas de pretérito imperfecto que faltan para cada verbo.

a) Formas regulares

vivían   hablaban   vivías   leíais
leías   vivíamos   leía   hablaba   ~~vivía~~
hablábamos   leía   ~~leíamos~~   vivía   leían
vivíais   hablabais   hablaba   ~~hablabas~~

	hablar	-AR	leer	-ER	vivir	-IR
(yo)						
(tú)	hablabas	-abas				
(él, ella)					vivía	-ía
(nosotros, -as)			leíamos	-íamos		
(vosotros, -as)						
(ellos, -as)						

a) Formas irregulares

ibas   era   veíamos   veía
iba   ~~veías~~   ~~eran~~   éramos   veían
iban   veíais   erais   era
ibais   veía   eras   iba   ~~íbamos~~

	SER	IR	VER
(yo)			
(tú)			veías
(él, ella)			
(nosotros, -as)		íbamos	
(vosotros, -as)			
(ellos, -as)	eran		

10. Observa

a) Compara las terminaciones del pretérito imperfecto de las tres conjugaciones regulares. ¿Qué observas?

b) En el pretérito imperfecto, todos los verbos se conjugan regularmente a excepción de *ser*, *ir* y *ver*.

11. Completa

Usa las formas adecuadas del pretérito imperfecto de los verbos *comer, hacer, ir, jugar, pasar, ser, trabajar, ver* y *vivir* para completar el siguiente diálogo.

▷ ¿Dónde ... tú y tu familia hace cinco años?
► Hace cinco años mis padres, mi hermano y yo ... en mi país.
▷ ¿Tu hermano y tú ... al colegio?
► No. Bueno, yo sí, ... al colegio. Mi hermano todavía no ... porque ... pequeño.
▷ ¿Y tus padres qué ...?
► Los dos ... fuera de casa.
▷ ¿Tú a mediodía dónde ...? ¿En casa o en el colegio?
► Yo ... en el colegio. Mi padre ... en el trabajo y mi madre ... en casa con mi hermano. Luego, por la noche los cuatro ... el tiempo en casa, ... la tele o ... a algún juego.

12. Conjuga

Juega con tus compañeros a conjugar verbos. Uno de vosotros propone un verbo y un tiempo y le "pasa la pelota" a un compañero que debe decir la forma de la primera persona. Luego le pasa la pelota a otro, que dice la segunda. El que termina la conjugación propone otro verbo y otro tiempo para conjugarlo a continuación.

13. Lee

Picasso

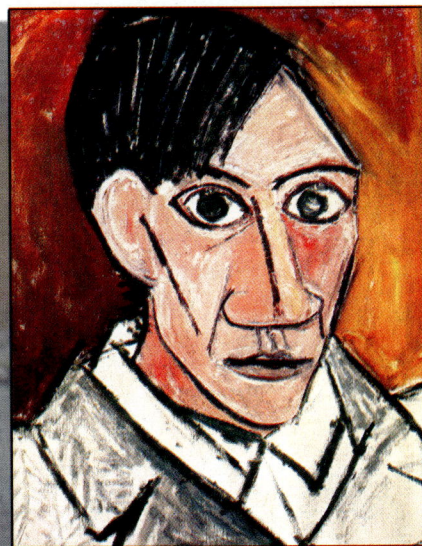

Pablo Ruiz Picasso fue, sin duda, uno de los más célebres pintores del siglo XX y su obra, de las que más han influido en el panorama artístico actual. Nació en 1881 en Málaga, donde su padre era profesor de Dibujo y director del Museo Municipal. Cuando tenía catorce años, su familia se trasladó a Barcelona. Allí inició sus estudios artísticos. Pronto se rodeó de un grupo de artistas y literatos, entre los cuales estaban Ramón Casas y Santiago Rusiñol, con quienes acostumbraba reunirse en el bar Els Quatre Gats.

Entre 1901 y 1904 el joven Picasso alternó su residencia entre Madrid, Barcelona y París. Estos años corresponden al llamado "período azul" de su pintura. En el año 1904 se trasladó definitivamente a París y estableció allí su estudio. Al poco tiempo de vivir en la capital francesa entró en contacto con numerosos personajes del mundo del arte y de las letras. Su obra entró entonces en el "período rosa".

Inspirada por las novedades pictóricas de la época y en compañía del joven pintor Georges Braque, la imaginación desbordante de Picasso creó un nuevo estilo artístico: el cubismo. En 1912 añadió a este estilo otro elemento innovador: la técnica del "collage", consistente en la aplicación sobre el lienzo de recortes de papel y otros materiales. El surgimiento del surrealismo en 1925 supuso cambios importantes en la obra de Picasso, que empezó a incorporar figuras distorsionadas y llenas de fuerza.

El estallido de la Guerra Civil en España (1936-1939) afectó tremendamente al artista. El bombardeo de Guernica inspiró una de las obras más famosas de la pintura contemporánea, el "Guernica", en la que critica la guerra y sus atrocidades. Picasso permaneció ya definitivamente en Francia, trabajando de forma incansable, creativa y personal hasta su muerte en 1973. Convertido en una leyenda en vida, su capacidad de invención y de creación le situaron en la cima de la pintura mundial.

14. Escribe

Redacta la biografía de una persona famosa o de alguien que conozcas. Observa estos recursos que se emplean en el texto para introducir algunas frases: Cuando tenía catorce años... Allí... Pronto... En el año 1904... Al poco tiempo... Entonces...

15. Escucha 🔘 [36]

Después de oír los diálogos, di cuál de los siguientes dibujos corresponde a cada uno de ellos.

16. Relaciona 🔘 [36]

Indica en qué tiempo verbal están y qué circunstancias temporales expresan los verbos que aparecen en negrita en las siguientes frases de los diálogos.

a) El camión **llevaba** residuos tóxicos.
Antes no **había** tantos incendios.
Antiguamente la gente **cazaba** por necesidad.

b) Un camión **tuvo** un accidente ayer a tres kilómetros del pueblo.
El año pasado también **llovió** poco.
El otro día **llegó** un grupo de cazadores al pueblo.

c) ¿**Has visto** las noticias?
Este invierno **ha llovido** muy poco.
Ya **ha habido** unos cuantos incendios en lo que va de verano.

Pretérito imperfecto

Pretérito perfecto

Pretérito indefinido

Describen situaciones del pasado.
Se refieren a circunstancias del pasado relacionadas con el presente.
Relatan hechos o acciones del pasado.

Aquí y allá

17. Lee

Energía para el desarrollo

La energía es la fuerza vital de nuestra sociedad. De ella dependen la iluminación de interiores y exteriores, el calentamiento y refrigeración de nuestras casas, el transporte de personas y mercancías, la obtención de alimento y su preparación, el funcionamiento de las fábricas, etc.

Hace poco más de un siglo las principales fuentes de energía eran la fuerza de los animales y la de los hombres y el calor obtenido al quemar la madera. El ingenio humano también había desarrollado algunas máquinas con las que aprovechaba la fuerza del agua o la del viento. Pero el invento de la máquina de vapor y el gran desarrollo de la industria y la tecnología han cambiado drásticamente las fuentes de energía que mueven la moderna sociedad. Ahora, el desarrollo de un país está ligado a un creciente consumo de energía de combustibles fósiles.

Los combustibles fósiles son el carbón, el petróleo y el gas. Han sido los grandes protagonistas del impulso industrial desde la invención de la máquina de vapor hasta nuestros días. De ellos depende la mayor parte de la industria y el transporte en la actualidad. Entre los tres suponen casi el 90% de la energía comercial empleada en el mundo.

La energía se obtiene al quemar estos productos, proceso en el que se forman grandes cantidades de anhídrido carbónico y otros gases contaminantes que se emiten a la atmósfera.

Estos combustibles han permitido un avance sin precedentes en la historia humana, pero son fuentes de energía no renovables. Esto significa que cantidades que han tardado en formarse miles de años se consumen en minutos y las reservas de estos combustibles van disminuyendo a un ritmo creciente. Además, estamos agotando un recurso del que se pueden obtener productos muy valiosos, como plásticos, medicinas, etc., simplemente para quemarlo y obtener energía.

Otra fuente de energía no renovable es el uranio que se usa en las centrales de energía nuclear. El uso de la energía nuclear tiene importantes repercusiones ambientales. Algunas positivas, por lo poco que contamina en el momento de la producción, pero algunos de los problemas que tiene son muy importantes. Uno de ellos es el riesgo de accidentes nucleares y la consiguiente contaminación radiactiva. Además, la industria nuclear produce residuos radiactivos muy peligrosos que duran miles de años, cuyo almacenamiento definitivo plantea muy graves problemas.

A diferencia de las anteriores, las fuentes de energía renovables o alternativas no consumen un recurso finito como un combustible fósil o una sustancia radiactiva y además, en general, causan menos impactos ambientales negativos. Entre estas energías tenemos: la energía hidroeléctrica, la energía solar, la energía de la biomasa, la energía obtenida de los océanos y la energía geotermal.

Por otro lado, hay una gran diferencia entre la energía consumida en los países desarrollados y en los que están en vías de desarrollo. Cada habitante de los países desarrollados usa de media unas diez veces más energía que una persona de un país no desarrollado.

En los países más desarrollados el consumo de energía se ha estabilizado o crece muy poco, gracias a que la usamos cada vez con mayor eficiencia. Pero, como hemos dicho, las cifras de consumo por persona son muy altas. En los países en vías de desarrollo está creciendo el consumo por persona de energía porque, para su progreso, necesitan más y más energía. Para hacer frente a los problemas que hemos citado, los países desarrollados quieren frenar el gasto mundial de petróleo y otros combustibles fósiles, pero los países en vías de desarrollo denuncian que eso frena su desarrollo injustamente.

(Adaptado de *Ciencias de la Tierra y del Medio Ambiente*, Luis Echarri, Ed. Teide)

18. Conversa

Discute con tus compañeros sobre cuestiones relativas al progreso tecnológico y a la preservación del medio ambiente como las que se proponen a continuación a modo de ejemplo. Cada uno expresa su opinión e intenta convencer a los demás.

a) ¿Debe ser obligatorio el reciclado de residuos, para que los ciudadanos depositen en contenedores separados los residuos orgánicos, los plásticos, el papel, el vidrio, las pilas, etc.?

b) ¿Debe limitarse el consumo de productos de origen animal para la alimentación, el vestido, etc. cuando se trata de productos que requieren el sacrificio de animales?

c) ¿Debe prohibirse el consumo de tabaco en espacios públicos, como los lugares de trabajo, los centros educativos o los locales comerciales y de ocio? ¿Y en espacios abiertos de uso común como las calles y parques? ¿Por qué?

d) ¿Quién es responsable de los problemas medioambientales derivados del desarrollo tecnológico: los ciudadanos, las empresas, las autoridades públicas?

19. Juega

Vamos a jugar al *Juego del medio ambiente*. El profesor os dará el material necesario y os explicará cómo se juega.

Apéndice

Unidad 1

Número cardinales

0	cero	14	catorce	28	veintiocho
1	uno	15	quince	29	veintinueve
2	dos	16	dieciséis	30	treinta
3	tres	17	diecisiete	31	treinta y uno
4	cuatro	18	dieciocho	32	treinta y dos
5	cinco	19	diecinueve	33	treinta y tres
6	seis	20	veinte	...	
7	siete	21	veintiuno	40	cuarenta
8	ocho	22	veintidós	50	cincuenta
9	nueve	23	veintitrés	60	sesenta
10	diez	24	veinticuatro	70	setenta
11	once	25	veinticinco	80	ochenta
12	doce	26	veintiséis	90	noventa
13	trece	27	veintisiete	100	cien

Operaciones aritméticas

+	más	x	por	=	igual a
−	menos	:	dividido por		

Pronombres personales

yo, tú, él, ella

Verbos

ser:	soy, eres, es
hablar:	hablo, hablas, habla
vivir:	vivo, vives, vive
llamarse:	me llamo, te llamas, se llama

Saludos

Hola.	¿Qué tal?	Adiós.
Buenos días.	¿Cómo estás?	Hasta luego.
Buenas tardes.	Bien. ¿Y tú?	Hasta mañana.
Buenas noches.	Muy bien, gracias.	

Datos personales

¿Cómo te llamas?	¿Hablas español?
Me llamo...	Sí. / No. / Un poco.
¿De dónde eres?	¿Qué idioma(s) hablas?
Soy de + [País].	¿Cuántos idiomas hablas?
Soy + [adjetivo].	¿Cómo se llama (él / ella)?
¿Dónde vives?	¿Dónde vive (él / ella)?
Vivo en...	¿Quién es (él / ella)?

Unidad 2

Sustantivos

Masculinos	Femeninos
el libro	la mesa
el amigo	la amiga
el estuche	la clase
el lápiz	la pared
el profesor	la profesora

Artículos

	Determinados	Indeterminados
Masculinos	el	un
Femeninos	la	una

Contracciones

a + el = al	Vamos al cine. Vamos a la clase. Está junto al armario. Está junto a la pizarra.
de + el = del	Está dentro del estuche. Está dentro de la mochila. Esta es la mesa del profesor. Esta la mesa de la profesora.

¿Qué hay? / ¿Dónde está?

hay + un/una...	¿Qué hay dentro de la mochila? Dentro de la mochila hay un libro.
el/la...está...	¿Dónde está la papelera? La papelera está junto al armario.

Preposiciones de lugar

en	junto a
dentro de	al lado de
sobre	a la izquierda de
debajo de	a la derecha de

Para comunicarnos mejor

¿Cómo?	Por favor.
No entiendo.	Claro.
Más despacio, por favor.	Perdón.
¿Puedes repetirlo?	Lo siento.
¿Qué significa?	Gracias.
¿Qué quiere decir?	Muchas gracias.
¿Cómo se escribe?	De nada.
¿Puedes deletrearlo?	

Unidad 3

Pronombres personales (Continuación)

	Singular	Plural
1.ª persona	yo	nosotros, nosotras
2.ª persona	tú	vosotros, vosotras
3.ª persona	él, ella	ellos, ellas

Posesivos

yo	mi, mis	mi hermano, mi hermana, mis hermanos, mis hermanas
tú	tu, tus	tu amigo, tu amiga, tus amigos, tus amigas
él, ella	su, sus	su pelo, su nariz, sus ojos, sus orejas
nosotros, nosotras	nuestro, -a, -os, -as	nuestro padre, nuestra madre, nuestros primos, nuestras primas
vosotros vosotras	vuestro, -a, -os, -as	vuestro país, vuestra ciudad, vuesros idiomas, vuestras lenguas
ellos, ellas	su, sus	su profesor, su profesora, sus libros, sus mesas

Demostrativos

Determinantes demostrativos

	Singular	Plural
Masculino	este cuaderno ese bolígrafo	estos lápices esos rotuladores
Femenino	esta carpeta esa goma	estas mesas esas sillas

Pronombres demostrativos

	Singular	Plural
Masculino	Este es mi cuaderno. Ese es tu bolígrafo.	Estos son tus lápices. Esos son mis dibujos.
Femenino	Esta es la carpeta de Juan. Esa es la goma de María.	Estas son mías. Esas son de Antonio.
Neutro	¿Cómo se llama esto? Eso es un libro.	

Adjetivos calificativos

Masculino	Femenino	Ejemplos
alto español	alta española	un chico alto, una chica alta el amigo español, la amiga española
grande azul		un colegio grande, una clase grande un cuaderno azul, una carpeta azul

Verbos

ser:	soy, eres, es, somos, sois, son
ir:	voy, vas, va, vamos, vais, van
hablar:	hablo, hablas, habla, hablamos, habláis, hablan
llevar:	llevo, llevas, lleva, llevamos, lleváis, llevan
tener:	tengo, tienes, tiene, tenemos, tenéis, tienen
vivir:	vivo, vives, vive, vivimos, vivís, viven
llamarse:	me llamo, te llamas, se llama, nos llamamos, os llamáis, se llaman

Unidad 4

Plural de los sustantivos

	Singular	Plural
-[vocal]	libro	libros
-[consonante]	flor	flores
-z	lápiz	lápices
-ón	sillón	sillones

Artículos

	Singular	Plural
Masculino	el	los
Femenino	la	las

Presente de indicativo (verbos regulares)

1ª conjugación	2ª conjugación	3ª conjugación
hablar	comer	vivir
hablo	como	vivo
hablas	comes	vives
habla	come	vive
hablamos	comemos	vivimos
habláis	coméis	vivís
hablan	comen	viven

Para pedir permiso o ayuda (y contestar sí o no)

Pedir permiso:	¿Puedo...? ¿Podemos...?
Pedir ayuda:	¿Me ayudas...? ¿Puedes...? ¿Me haces el favor de...? Por favor...
Contestar sí:	Bueno... Vale... Claro... ¡Cómo no! ¡Por qué no! Está bien.
Contestar no:	No sé... Mejor no... No, mira... Ahora no puedo... No, de ningún modo.

Para preguntar y decir la hora

¿Qué hora es?	
Es la una...	en punto.
Son las dos...	y media... y cuarto... menos cuarto. y cinco... y veinte... menos diez...
Son las dieciocho horas, quince minutos y treinta segundos.	

Para expresar gustos

me gusta(n) (mucho) me encanta(n) no me gusta(n) (nada) no me gusta(n) mucho	a mí me gusta(n), a ti te gusta(n) a él/ella le gusta(n) a nosotros/-as nos gusta(n) a vosotros/-as os gusta(n) a ellos/-as les gusta(n)

Para mostrar acuerdo o desacuerdo

	Acuerdo (=)	Desacuerdo (≠)
Yo hablo...	Yo también.	Yo no.
A mí me gusta...	A mí también.	A mí no.
Yo no hablo...	Yo tampoco.	Yo sí.
A mí no me gusta...	A mí tampoco.	A mí sí.

Unidad 5

Números ordinales

1° primer(o)	6° sexto	1ª primera	6ª sexta
2° segundo	7° séptimo	2ª segunda	7ª séptima
3° tercer(o)	8° octavo	3ª tercera	8ª octava
4° cuarto	9° noveno	4ª cuarta	9ª novena
5° quinto	10° décimo	5ª quinta	10ª décima

El artículo indeterminado

	Singular	Plural
Masculino	un	unos
Femenino	una	unas

Presente de indicativo (verbos irregulares)

e → ie	o → ue	e → i	u → ue
entender	**volver**	**repetir**	**jugar**
entiendo	vuelvo	repito	juego
entiendes	vuelves	repites	juegas
entiende	vuelve	repite	juega
entendemos	volvemos	repetimos	jugamos
entendéis	volvéis	repetís	jugáis
entienden	vuelven	repiten	juegan
Otros verbos e → ie: *despertarse, empezar, merendar, querer.*	Otros verbos o → ue: *acostarse, dormir, poder.*	Otros verbos e → i: *vestirse.*	

-g-		-g- + e → ie	
hacer	**salir**	**tener**	**venir**
hago	salgo	tengo	vengo
haces	sales	tienes	vienes
hace	sale	tiene	viene
hacemos	salimos	tenemos	venimos
hacéis	salís	tenéis	venís
hacen	salen	tienen	vienen

Verbos pronominales

llamarse, levantarse, acostarse, despertarse, dormirse, ducharse, lavarse, peinarse, vestirse...

me...	llamo, levanto, acuesto, despierto, duermo, ducho, lavo, peino, visto
te...	llamas, levantas, acuestas, despiertas, duermes, duchas, lavas, peinas, vistes
se...	llama, levanta, acuesta, despierta, duerme, ducha, lava, peina, viste
nos...	llamamos, levantamos, acostamos, despertamos, dormimos, duchamos, lavamos, peinamos, vestimos
os...	llamáis, levantáis, acostáis, despertáis, dormís, ducháis, laváis, peináis, vestís
se...	llaman, levantan, acuestan, despiertan, duermen, duchan, lavan, peinan, visten

Unidad 6

El verbo *estar*

Se usa para indicar...
- situación en el espacio:
  María y Pilar están en la piscina.
- (seguido de gerundio) acciones en desarrollo:
  María y Pilar están nadando.

Presente de indicativo:
estoy, estás, está, estamos, estáis, están

Gerundio
Verbos regulares:

-ar → -ando	-er / -ir → -iendo
hablar → hablando	comer → comiendo vivir → viviendo

Verbos irregulares:

ir → yendo	poder → pudiendo	venir → viniendo
oír → oyendo	domir → durmiendo	repetir → repitiendo
leer → leyendo		vestir → vistiendo

Verbos pronominales:

-arse → -ándose	-erse / -irse → -iéndose
lavarse → lavándose	vestirse → vistiéndose

Para hablar de la profesión

¿Qué hace? ¿A qué se dedica? ¿Dónde trabaja? ¿Qué quieres ser de mayor?	
Es... Quiero ser...	electricista, agricultor(a), cantante.
Trabaja en...	una tienda, una fábrica, una peluquería.
Está...	parado, jubilado.

Para hablar del tiempo

¿Qué tiempo hace?	
Hace...	calor, frío, sol, viento.
Está...	nublado.
Hay...	niebla, tormenta.
Llueve, nieva, graniza. Está lloviendo, nevando, granizando.	

Cuantificadores

Con sustantivo	Con adjetivo	Con verbo
un poco de frío bastante sol mucho viento mucha niebla	un poco nublado bastante grande muy pequeño	llueve poco graniza bastante nieva mucho

Unidad 7

El imperativo

	hablar	comer	escribir
(tú)	habla	come	escribe
(vosotros/as)	hablad	comed	escribid
(usted)	hable	coma	escriba
(ustedes)	hablen	coman	escriban

ser: sé, sed, sea, sean
ir: ve, id, vaya, vayan
venir: ven, venid, venga, vengan
hacer: haz, haced, haga, hagan
tener: ten, tened, tenga, tengan
volver: vuelve, volved, vuelva, vuelvan
lavarse: lávate, lavaos, lávese, lávense

Expresar obligación

Obligación personal:

Debo		Tengo	
Debes		Tienes	
Debe	+ estudiar.	Tiene	que + estudiar.
Debemos		Tenemos	
Debéis		Tenéis	
Deben		Tienen	

Obligación general o impersonal:

Hay que + estudiar.

Expresar condición

Si A → B

Si te duele la cabeza, toma una aspirina.

Unidad 8

Números cardinales

1.000 mil habitantes	1.000.000 un millón de habitantes
10.000 diez mil habitantes	
100.000 cien mil habitantes	10.000.000 diez millones de habitantes

Expresar frecuencia

¿Con qué frecuencia...? ¿Cada cuánto...?	siempre	todos los días
	casi siempre	(todas las semanas, meses, años)
	muy a menudo	
	cada dos por tres	casi todos los días
	a menudo	(semanas, meses, años)
	a veces	
	de vez en cuando	cada x días
	alguna vez	(cada x semanas, meses, años...)
	muy de vez en cuando	x veces al día
	casi nunca	(x veces a la semana, al mes, al año...)
	nunca	

El imperativo (negación)

	hablar	comer	escribir
(tú)	no hables	no comas	no escribas
(vosotros/as)	no habléis	no comáis	no escribáis
(usted)	no hable	no coma	no escriba
(ustedes)	no hablen	no coman	no escriban

ser: no seas, no seáis
ir: no vayas, no vayáis
venir: no vengas, no vengáis
hacer: no hagas, no hagáis
empezar: no empieces, no empecéis
volver: no vuelvas, no volváis
pedir: no pidas, no pidáis
jugar: no juegues, no juguéis
salir: no salgas, no salgáis
lavarse: no te laves, no os lavéis, no se lave, no se laven

Z + A, O, U → C + E, I	empezar: empieza, empezad, empiece, empiecen, no empieces, no empecéis
C + A, O, U → QU + E, I	tocar: toca, tocad, toque, toquen, no toques, no toquéis
G + A, O, U → GU + E, I	Llegar: llega, llegad, llegue, lleguen, no llegues, no lleguéis
G + E, I → J + A, O, U	coger: coge, coged, coja, cojan, no cojas, no cojáis

Unidad 9

Unidades de medida

Magnitud	Nombre de la unidad	Símbolo
Longitud	metro	m
Masa	kilogramo	kg
Tiempo	segundo	s
Superficie	metro cuadrado	m^2
Volumen	metro cúbico	m^3
Velocidad	metro por segundo	m/s
Capacidad	litro	l
Potencia eléctrica	vatio	W
Frecuencia	hercio	Hz
Información	byte	b

Prefijo	Significado	Símbolo	Ejemplo
deca	x 10	da	decámetro (dam)
hecto	x 100	h	hectolitro (hl)
kilo	x 1.000	k	kilovatio (kW)
mega	x 1.000.000	M	megahercio (MHz)
giga	x 1.000.000.000	G	gigabybe (Gb)
deci	: 10	d	decímetro (dm)
centi	: 100	c	centilitro (cl)
mili	: 1.000	m	miligramo (mg)
micro	: 1.000.000	µ	microsegundo (µs)
nano	: 1.000.000.000	n	nanómetro (nm)

Comparativos y superlativos

grande(s)	más grande(s)	grandísimo/a(s)
barato/a(s)	más barato/a(s)	baratísimo/a(s)
bueno/a(s)	mejor(es)	buenísimo/a(s)
malo/a(s)	peor(es)	malísimo/a(s)

Pronombre de objeto directo

	Singular	Plural
Masculino	Veo el programa. Lo veo.	Veo los programas. Los veo.
Femenino	Veo la película. La veo.	Veo las películas. Las veo.

Cuantificadores indefinidos

	(+)					(-)
Contables	muchos	bastantes	varios unos cuantos	algunos unos pocos	pocos	ninguno
No contables	mucho	bastante		algo un poco	poco	nada

Expresar causa y dar explicaciones

¿Por qué...?	Porque...
¿Cómo es que...?	Es que...
¿Y eso? ¿Cómo es eso?	

Partitivos

1/2	un medio	1/5	un quinto	1/8	un octavo
1/3	un tercio	1/6	un sexto	1/9	un noveno
1/4	un cuarto	1/7	un séptimo	1/10	un décimo

la mitad = un medio	2/5	las dos quintas partes
la tercera parte = un tercio	3/4	las tres cuartas partes
la cuarta parte = un cuarto	7/8	las siete octavas partes

Unidad 10

Pedir y dar indicaciones para llegar a un sitio

¿Dónde está... ?		Tiene que ir por... Hay que ir por... Vaya por...
	se va a... ? se puede ir a... ?	
¿Cómo	se llega a... ? puedo ir a... ? puedo llegar a... ?	Cruce la calle. Tiene que coger el 83. Hay que coger el metro. Coja el autobús.
¿Hay algún autobús que vaya a... ?		Siga todo recto. Cuando llegue al semáforo... Al llegar a la rotonda... Después de pasar el bar... Tiene que girar. Gire a la derecha. Coja a la izquierda.

Presente de indicativo del verbo *haber*

he
has
ha
hemos
habéis
han

El participio

Verbos regulares

1ª conjugación: hablar ➡ hablado
2ª conjugación: comer ➡ comido
3ª conjugación: vivir ➡ vivido

Verbos irregulares

hacer ➡ hecho	resolver ➡ resuelto
decir ➡ dicho	volver ➡ vuelto
escribir ➡ escrito	abrir ➡ abierto
describir ➡ descrito	ver ➡ visto
romper ➡ roto	poner ➡ puesto

Pretérito perfecto de indicativo

he	hablado
has	comido
ha	vivido
hemos	hecho
habéis	dicho
han	escrito

Unidad 11

Hablar de planes y proyectos. Expresar intención, voluntad, preferencia y necesidad

Perífrasis verbal	Ejemplos
ir a + infinitivo	¿Qué *vas a hacer*? *Voy a ir* al cine.
pensar + infinitivo	¿A quiénes *piensas invitar*? *Pienso invitar* a mis amigos.
querer + infinitivo	¿Qué *queréis hacer*? *Queremos ver* una película.
preferir + infinitivo	¿Qué *prefieres hacer*? *Prefiero quedarme* en casa.
necesitar + infinitivo	¿Qué *necesitas comprar*? *Necesito comprar* unos vaqueros.

Hacer propuestas e invitaciones y reaccionar a ellas

¿Vamos a (jugar)? ¿Quieres (un helado)? ¿Quieres (venir a casa)? ¿Te gustaría (ir al cine)? ¿Y si (damos una vuelta)? ¿Qué tal si (hacemos algo)? ¿Qué te parece si (vamos)? Si quieres, podemos (salir). ¿Por qué no (te vienes)? ¿Por qué no (salimos)?	¡Sí, sí! Me parece una idea genial. Me parece estupendo. Bueno, pero... Mejor (vamos a tomar algo). No voy a poder. Es que... No puedo. Tengo que... Gracias. Gracias por la invitación.

Pronombres de objeto directo (II)

	Singular	Plural
1ª persona	**Me** ha visto (a mí).	**Nos** ha visto (a nosotros).
2ª persona	**Te** ha visto (a ti).	**Os** ha visto (a vosotros).
3ª persona (masculino)	**Lo** ha visto (el programa, a él).	**Los** ha visto (los programas, a ellos).
variante leísta(*)➡	*Le* ha visto. (a él).	*Les* ha visto. (a ellos).
3ª persona (femenino)	**La** ha visto (la película, a ella).	**Las** ha visto (las películas, a ellas).

(*) Uso habitual en muchas zonas para referirse a personas.

Pronombre después del verbo (y unido a él)	
Infinitivo	¿Puedes ayudar**me**? Mañana vamos a ver**os**.
Gerundio	¿Estáis haciéndo**lo** ahora? Estoy viéndo**te**.
Imperativo	Cómpra**las**. Comprad**las**. Cómpre**las**. Cómpren**las**.

Unidad 12

Oraciones subordinadas adjetivas (o de relativo)

Oraciones de relativo especificativas:

Estos son los alumnos que estudian 4º de E.S.O.
a) Sirven para especificar a qué hace referencia el sustantivo al que complementan.
b) No se escriben entre comas.

Oraciones de relativo explicativas:

Estos son Ángel y Marta, que estudian 4º de E.S.O.
a) Sirven para aportar una explicación o información adicional sobre algo que ya está especificado.
b) Se escriben entre comas.

Oraciones subordinadas sustantivas

En función de sujeto:
A mí me parece *que el español no es tan difícil.*

En función de objeto directo:
Yo creo *que el español no es tan difícil.*

Expresar opiniones

Creo / Opino / Pienso / Supongo que...   Me parece que...

Mostrar acuerdo o desacuerdo

Acuerdo	Desacuerdo	Acuerdo relativo
Así es. *Estoy de acuerdo.* *Tienes razón.* *Es cierto/verdad.*	*No es así.* *No estoy de acuerdo.* *Estás equivocado/a.* *No es cierto/verdad.*	*Sí, quizás sí.* *Sí, puede ser.* *Puede que sí.* *Sí, pero...*

Pronombres de objeto indirecto

	Singular	Plural
1ª pers.	**Me** ha dado el regalo. **Me** lo ha dado.	**Nos** ha dado los bolis. **Nos** los ha dado.
2ª pers.	**Te** ha dado los libros. **Te** los ha dado.	**Os** ha dado las postales. **Os** las ha dado.
3ª pers.	**Le** ha dado la foto. **Se** la ha dado.	**Les** ha dado los discos. **Se** los ha dado.

Pronombres después del verbo (y unidos a él)	
Infinitivo Gerundio Imperativo	Voy a dar**os** el regalo. Voy a dár**oslo**. Está dándo**le** el dinero. Está dándo**selo**. Dad**nos** las fotos. Dád**noslas**.

Posesivos tónicos

	Masc. sing.	Fem. sing.	Masc. pl.	Fem. pl.
1ª sing.	*mío*	*mía*	*míos*	*mías*
2ª sing.	*tuyo*	*tuya*	*tuyos*	*tuyas*
3ª sing.	*suyo*	*suya*	*suyos*	*suyas*
1ª plural	*nuestro*	*nuestra*	*nuestros*	*nuestras*
2ª plural	*vuestro*	*vuestra*	*vuestros*	*vuestras*
3ª plural	*suyo*	*suya*	*suyos*	*suyas*

Unidad 13

Números romanos

I	1	XI	11
II	2	XII	12
III	3	XIII	13
IV	4	XIV	14
V	5	XV	15
VI	6	XVI	16
VII	7	XVII	17
VIII	8	XVIII	18
IX	9	XIX	19
X	10	XX	20
		XXI	21

Pretérito indefinido (verbos regulares)

1ª conjugación	2ª conjugación	3ª conjugación
hablar	comer	vivir
hablé	comí	viví
hablaste	comiste	viviste
habló	comió	vivió
hablamos	comimos	vivimos
hablasteis	comisteis	vivisteis
hablaron	comieron	vivieron

Pretérito indefinido (verbos irregulares)

ser / ir	estar	dar	tener	andar
fui	estuve	di	tuve	anduve
fuiste	estuviste	diste	tuviste	anduviste
fue	estuvo	dio	tuvo	anduvo
fuimos	estuvimos	dimos	tuvimos	anduvimos
fuisteis	estuvisteis	disteis	tuvisteis	anduvisteis
fueron	estuvieron	dieron	tuvieron	anduvieron

poder	poner	saber	querer	venir
pude	puse	supe	quise	vine
pudiste	pusiste	supiste	quisiste	viniste
pudo	puso	supo	quiso	vino
pudimos	pusimos	supimos	quisimos	vinimos
pudisteis	pusisteis	supisteis	quisisteis	vinisteis
pudieron	pusieron	supieron	quisieron	vinieron

hacer	decir	traer	producir	e>i / o>u
hice	dije	traje	produje	pedir: pidió, pidieron.
hiciste	dijiste	trajiste	produjiste	sentir: sintió, sintieron.
hizo	dijo	trajo	produjo	dormir: durmió, durmieron.
hicimos	dijimos	trajimos	produjimos	
hicisteis	dijisteis	trajisteis	produjisteis	
hicieron	dijeron	trajeron	produjeron	

Exclamaciones

¡Qué bonito!
¡Qué grande es!
¡Qué alegría/pena/sorpresa!
¡Qué problema más/tan difícil!
¡Qué bien/mal!

¡Cuánta gente!
¡Cuántos libros!
¡Cómo corre!
¡No me digas!
¡Menos mal!

Unidad 14

Describir situaciones del pasado

Cuando yo era joven...
Entonces...
Por aquel entonces...
Antes...
En aquellos años...
En aquella época...

Pretérito imperfecto (verbos regulares)

1ª conjugación	2ª conjugación	3ª conjugación
hablar	comer	vivir
hablaba	comía	vivía
hablabas	comías	vivías
hablaba	comía	vivía
hablábamos	comíamos	vivíamos
hablabais	comíais	vivíais
hablaban	comían	vivían

Pretérito imperfecto (verbos irregulares)

ser	ir	ver
era	iba	veía
eras	ibas	veías
era	iba	veía
éramos	íbamos	veíamos
érais	ibais	veíais
eran	iban	veían

Uso de los tiempos de pasado

Pretérito perfecto

Para referirse a circunstancias del pasado relacionadas con el presente.

He estudiado mucho para el examen de hoy.

Pretérito indefinido

Para relatar hechos o acciones del pasado.

Ayer estudié los verbos irregulares.

Pretérito imperfecto

Para relatar situaciones del pasado.

Antes estudiaba horas y horas todos los días.